Contre l'arbitraire du pouvoir

Matthieu Bonduelle, William Bourdon,
Antoine Comte, Paul Machto,
Stella Magliani-Belkacem et Félix Boggio
Éwanjé-Épée, Gilles Manceron,
Karine Parrot, Géraud de la Pradelle,
Gilles Sainati, Carlo Santulli,
Évelyne Sire-Marin

Contre l'arbitraire du pouvoir

12 propositions

La fabrique
éditions

www.lafabrique.fr
lafabrique@lafabrique.fr
Conception graphique :
Jérôme Saint-Loubert Bié
Impression : Floch, Mayenne
ISBN : 978-2-35872-026-7

La Fabrique éditions
64, rue Rébeval
75019 Paris
lafabrique@lafabrique.fr
Diffusion : Les Belles Lettres

Sommaire

«Veillons et armons-nous en pensée»: ainsi débutait *Le Messager Hessois*, tract écrit en 1834 par un jeune homme de vingt et un ans, Georg Büchner. C'est l'actualité d'une telle injonction qui nous a incités à mettre en route le projet de ce livre. Les auteurs – chercheurs, magistrats, avocats, psychiatre, sont impliqués, chacun·e selon son rôle, dans notre défense à tous contre *l'arbitraire du pouvoir*. Et l'on peut rappeler que le droit à la sûreté, inscrit dans la Déclaration des droits de l'homme de 1789, portait précisément sur cette défense-là: c'est le glissement de la sûreté à la sécurité qui fonde une bonne part des abus décrits dans ce livre.

Mais comme l'indique le sous-titre, il ne s'agit pas d'une énième déploration, d'un énième état des lieux: chacun·e des auteurs a conclu son texte par des propositions. Certaines d'entre elles pourraient être immédiatement mises en application. Pour d'autres, on criera à l'utopie – tant mieux, car il n'est pas question ici de faire consensus mais de provoquer la réflexion.

Petite histoire des lois scélérates

Gilles Manceron

Les systèmes démocratiques offrent de belles garanties pour l'exercice des libertés, mais il arrive fréquemment que les gouvernants invoquent une menace à l'ordre public pour les remettre en cause. Les exemples sont nombreux, depuis les trois lois d'exception de la fin du XIXe siècle à propos desquelles a été forgée l'expression de « lois scélérates », jusqu'à celles qu'on a fait adopter ces dernières années dans différents pays, dont la France, en les justifiant par la menace d'attentats terroristes.

Les « lois scélérates » de 1893 et 1894

C'est à la suite de l'attentat de l'anarchiste Auguste Vaillant – qui avait lancé une bombe dans la Chambre des députés, le 9 décembre 1893 – que le gouvernement fit voter deux lois, supposées viser les mouvements révolutionnaires mais qui portaient atteinte à toutes les libertés. Rappelons que la bombe en question, pour avoir suscité du danger et de la peur, n'avait fait aucune victime et qu'une fois Vaillant arrêté, le président de séance, Charles Dupuis, était même entré dans l'histoire pour avoir lancé imperturbablement : « Messieurs, la séance continue. » La première loi, du 12 décembre 1893, concernait la presse. La deuxième, adoptée quelques jours plus tard, le 18 décembre, portait sur les associations de malfaiteurs. Des attentats anarchistes se poursuivant, dont l'assassinat le 24 juin 1894 à Lyon, du président de la République Sadi Carnot par Geronimo Caserio une troisième loi fut votée, le 28 juillet 1894, destinée ouvertement à réprimer les menées anarchistes. Ce sont ces trois lois qu'au-delà même des anarchistes, l'ensemble de la gauche syndicale et révolutionnaire a appelées les «lois scélérates», terme qui a resservi par la suite chaque fois qu'une loi de ce type prétendait défendre la démocratie en limitant les libertés.

Que contenaient ces trois lois et comment ont-elles été critiquées à l'époque, au nom des vraies libertés républicaines? C'est la *Revue blanche* qui publia trois articles à leur sujet, en 1898 et 1899, qu'elle réunit la même année dans une brochure intitulée *Les Lois scélérates de 1893-1894*. Le premier de ces articles, «Notre loi des suspects», était de Francis de Pressensé, qui avait été l'un des dreyfusards les plus actifs et allait devenir quelques années plus tard, de 1904 à 1914, le second président de la Ligue des droits de l'homme. Il sera, avec son ami Jaurès, l'un des principaux auteurs de la loi de 1905 de séparation des Églises et de l'État. Le second article, «Comment elles ont été faites», était signé anonymement «un juriste», mais son auteur était un jeune intellectuel du nom de Léon Blum, dont la nomination comme auditeur au Conseil d'État, en décembre 1895, à l'âge de 23 ans, l'obligeait à l'anonymat. Quant au troisième, «L'application des lois d'exception de 1893-1894», qui porte sur leur usage et analyse en particulier les condamnations auxquelles elles ont donné lieu, il est signé d'Émile Pouget, responsable syndicaliste en vue qui avait fondé en 1879 le premier syndicat d'employés à Paris. De sensibilité anarchiste, il avait été condamné en 1883 en même temps que Louise Michel pour avoir organisé une manifestation de sans-travail au cours de laquelle trois boulangeries avaient été pillées, puis avait bénéficié de l'amnistie de 1886. Il était l'auteur de nombreux pamphlets et collaborait aux journaux libertaires *Le Père peinard* et *La Sociale*, en même temps qu'à *La Voix du Peuple,* journal de la CGT dont il était secrétaire adjoint.

Dans son article, Pressensé montre que les lois liberticides se sont toujours appuyées sur des phénomènes de peur : « La France a connu à plusieurs reprises, au cours de ce siècle, ces paniques, provoquées par certains attentats, savamment exploitées par la réaction et qui ont toujours fait payer à la liberté les frais d'une sécurité menteuse. » Il relève que déjà sous la monarchie de Juillet, on avait tenté de justifier des lois portant atteinte aux libertés par la crainte du régicide et du désordre social. Ce qu'on avait appelé les « lois de Septembre », adoptées en septembre 1835, faisait suite à l'attentat de Giuseppe Fieschi contre le roi Louis-Philippe. Elles visaient à renforcer la législation contre les atteintes au régime et portaient sur l'organisation de la justice (le jury des cours d'assises) et de la presse.

De même, sous le second Empire, c'est après l'attentat du révolutionnaire italien Felice Orsini contre Napoléon III en 1858 qu'on avait fait adopter la loi dite de Sûreté générale, qui suspendait le peu de garanties pour les libertés publiques que le coup d'État du 2 décembre avait laissé subsister. Cette loi donnait au gouvernement le droit d'interner ou de déporter sans jugement tous les condamnés politiques. Dès lors, bien qu'on proclamât que l'Empire était devenu « libéral » parce qu'il tentait de s'orner de pratiques parlementaires, ce régime était apparu avec encore plus d'évidence comme un régime d'oppression. Car dès qu'un régime, quel qu'il soit, entre dans cette logique de méfiance et de répression généralisées, il ne fait qu'avouer sa faiblesse et c'est sa propre fin qu'il annonce.

Pour ce qui est des lois de 1893 et 1894, c'est dans l'urgence et sous l'émotion provoquée par l'attentat d'Auguste Vaillant que les Chambres les votèrent. Créant de véritables délits d'opinion, elles interdisaient la reproduction des débats de procès et créaient la peine de relégation, qui permettait d'envoyer en Guyane ou dans d'autres bagnes coloniaux un condamné à quelques mois d'emprisonnement, à l'expiration de sa peine. Elles créaient un nouveau délit, celui d'« apologie de crime », de « provocation indirecte » au crime, qui pouvait résulter de la simple description des circonstances dans lesquelles tel ou tel attentat s'était produit. Elles donnaient une prime à la provocation et à la délation et permettaient de réprimer des propos tenus lors d'entretiens privés ou dans des correspondances. Elles ont ainsi permis de poursuivre des propos tenus lors de soirées familiales, des confidences privées, la simple audition passive de diatribes proférées par un agent provocateur, ou le fait d'entonner un chant révolutionnaire.

La loi du 12 décembre 1893 modifiait celle sur la presse du 29 juillet 1881 qui, dans ses principes fondamentaux et malgré ses insuffisances et ses défauts, était, pour reprendre la formule de Léon Blum, « l'une des rares lois républicaines de la [troisième] République ». Elle supprimait toute censure ou demande d'autorisation préalable, dans la droite ligne des principes de l'article 11 de la Déclaration des droits de l'homme de 1789 : « La libre communication des pensées et des opinions est un des droits les plus précieux de l'homme : tout citoyen peut donc parler, écrire et imprimer librement, sauf à répondre de l'abus de cette liberté, dans les cas déterminés par la loi. » À l'opposé de ces principes, la loi scélérate de 1893 permettait des saisies et des arrestations préventives, et de déclarer complices et associées d'un crime, en raison de leurs paroles ou de leurs écrits, des personnes qui n'y avaient en rien participé, directement ou matériellement. Dans la même lignée, la loi du 18 décembre 1893 sur les associations de malfaiteurs réprimait comme un crime le fait qu'il y ait eu « résolution » ou « entente » préalable au sujet d'un crime auquel on n'avait matériellement pris aucune part, sans définir ce qui constituait précisément une telle « entente ». Cela revenait à punir une intention alors que la loi n'est censée punir que des actes. Et elle punissait des mêmes peines que l'« entente » la « participation » à cette entente, qui pouvait être le simple hasard d'une conversation surprise, l'hébergement donné à un inconnu, un service rendu à quelqu'un sans savoir qu'on lui reprocherait ensuite tel ou tel acte. Autant de délits passibles de peines de travaux forcés, suivies de la relégation.

La troisième loi, celle du 28 juillet 1894, réprimait ceux qui, « en dehors de tout concert et de toute entente préalable, font par un moyen quelconque acte de propagande anarchique ». Elle permettait de frapper tous les actes de propagande anarchistes quels qu'ils soient, considérés comme des crimes, mais déférés désormais non plus au jury d'assises chargé de la répression des éventuels crimes, mais aux juges professionnels des tribunaux correctionnels, « une répression rapide étant seule efficace ». Les peines d'emprisonnement devaient être appliquées sans aucune réduction de peine et les tribunaux pouvaient interdire, en tout ou partie, la reproduction des débats. Censée viser les seuls anarchistes, il s'agissait en réalité d'une loi de terreur qui pouvait frapper n'importe quel adversaire politique. D'autant que, lorsqu'on demanda à l'un des auteurs du projet de donner une définition de l'anarchisme, il en proposa une qui englobait toutes les idées socialistes ou révolutionnaires… Un autre, à qui on demandait de définir ce que pouvait être la « propagande par le fait », donna l'exemple... d'un article contre la peine de mort. Ainsi, Jules Guesde put-il être accusé, au prix de citations tronquées ou falsifiées, d'être aussi le complice des crimes de Vaillant et de Caserio.

Les effets de ces lois ne tardèrent pas à se faire sentir. Lors du « procès des Trente », la cour d'assises de la Seine jugea, le 6 août 1894, dix-neuf auteurs et propagandistes anarchistes en même temps que onze libertaires accusés de vol. Si ce procès se solda par un acquittement général, à l'exception de trois condamnations pour vol, un autre n'eut pas la même issue. Onze anarchistes furent condamnés à cette exclusion de la société qu'était la relégation dans les colonies pénitentiaires, équivalent de la condamnation aux travaux forcés, c'est-à-dire au bagne – mais prononcée par un tribunal correctionnel et non par une cour d'assises. Cette peine pouvait représenter une « peine de mort en sept ans », c'est-à-dire, selon la formule de Camille Pelletan, une « mort par annuités », par une sorte de « guillotine sèche ».

En décembre 1893, le parquet d'Angers poursuivit pour « entente » une demi-douzaine d'individus à qui il était reproché notamment l'organisation d'une soirée familiale publique où l'on avait dansé, chanté et prononcé des discours anarchistes. L'un d'eux, Meunier, condamné à sept ans de travaux forcés et dix ans d'interdiction de séjour, l'était surtout, en réalité, pour avoir peu avant participé activement à une grève. Dans son article, Émile Pouget donne d'autres exemples. Fouquet, soldat à Versailles, fut condamné à deux ans de prison sur la base d'une unique lettre où il confiait son dégoût de la caserne. Deux ans, certes, mais, envoyé en Afrique, il y mourut des privations et des brutalités coutumières dans ces bagnes coloniaux. Etiévant, pour un article dans *Le Libertaire*, fut condamné par contumace, en décembre 1897, à cinq ans de prison assortis de relégation, peine qu'il dut accomplir quand il fut arrêté alors qu'il était venu protester contre cette condamnation. Monod avait été accusé d'« apologie de faits qualifiés de crimes », suite à ce qu'il avait dit de l'assassinat de Sadi Carnot dans un café où l'avait entraîné un indicateur qui l'avait fait boire. Il fut condamné à cinq ans de travaux forcés suivis de relégation. Preuve que cette troisième loi ne visait pas que les anarchistes, c'est un syndicaliste socialiste, Paul Bury, qui en fut l'une des premières victimes : en 1894, il fut jugé par le tribunal correctionnel de Lille pour un simple délit d'expression, un discours tenu à Tourcoing en octobre 1894 lors d'une réunion socialiste. Condamné à treize mois de prison et à la relégation, il ne sortit de la prison centrale de Béthune que pour être embarqué pour la Nouvelle-Calédonie, alors que d'autres bénéficiaient de l'amnistie. Le comble est que cette loi du 28 juillet 1894 « réprimant les menées anarchistes » ne fut abrogée en France qu'en… décembre 1992.

Les bagnes et l'arbitraire durant la Grande Guerre

Contre les conséquences de ces « lois scélérates », et notamment la déportation ou la relégation des condamnés, la mobilisation se poursuivit jusqu'à la veille de la Grande Guerre. En faveur de cinq anarchistes condamnés au titre de ces lois et relégués à Cayenne, une campagne se développa, animée par deux importants dreyfusards, Bernard Lazare et Pierre Quillard, libertaires en même temps qu'introduits dans les milieux littéraires. En 1899, la Ligue des droits de l'Homme publia chez l'éditeur dreyfusard Pierre-Victor Stock un *Rapport sur le cas des cinq détenus des îles du Salut*, présenté par Joseph Reinach.

Parmi les lieux de relégation les plus arbitraires, figuraient les compagnies de discipline et autres bagnes militaires, lieux de torture et de mort. Ils ont suscité de nombreux articles dans les années 1906 à 1912, dont ceux du journaliste dreyfusard Jacques Dhur. Ce précurseur d'Albert Londres publia en 1906, dans *Le Journal*, un article intitulé « Les bagnes militaires. Arbitraire et cruauté », le premier d'une longue série. La campagne rebondit quand 450 soldats du 17e régiment d'infanterie, qui avaient refusé en juin 1907 de réprimer la révolte des viticulteurs de l'Hérault, furent envoyés dans une compagnie disciplinaire du sud de la Tunisie appartenant à cet ensemble de bagnes militaires désignés alors sous nom de Biribi, popularisé par le roman de Georges Darien paru en 1890. Mais c'est surtout l'affaire Aernoult-Rousset qui marqua les esprits. Elle commença à l'été 1909, avec la publication dans la presse des lettres adressées à la Ligue des droits de l'homme par des militaires affectés à un bataillon disciplinaire en Algérie : ils accusaient des gradés d'avoir torturé et provoqué la mort du soldat Albert Aernoult. Ce jeune ouvrier couvreur de Romainville, âgé de 23 ans, s'était retrouvé dans cette unité après avoir été condamné à dix mois de prison pour des dégradations liées à une grève. L'affaire fut portée devant la Chambre, des députés lisait à la tribune les témoignages d'autres soldats tandis qu'une souscription était ouverte pour rapatrier le corps d'Aernoult. Elle rebondit en 1910 quand on apprit que le principal dénonciateur de cette mort, Émile Rousset, avait été condamné par un conseil de guerre et incarcéré dans un pénitencier militaire. Dès lors, l'affaire Aernoult devint l'affaire Aernoult-Rousset et l'objectif fut de sauver la vie d'Émile Rousset. Il devient un « Dreyfus ouvrier », à propos duquel l'hebdomadaire *La Guerre sociale* écrivait, le 12 décembre 1911 : « Il ne sera pas dit que nous avons contribué à arracher leur Dreyfus au bagne et que nous ne parviendrons pas à lui arracher notre Rousset. » En 1912, les autorités militaires consentirent au retour du corps d'Aernoult. Son cortège funéraire, le 11 février, entre la gare de Lyon et le cimetière du Père Lachaise, rassembla plus de 100 000 personnes. En octobre, un non-lieu prononcé, Rousset arriva libre à Paris. La dénonciation des sections disciplinaires se poursuivit en 1913, quand des soldats y furent envoyés parce qu'ils refusaient l'année supplémentaire imposée par la loi de trois ans, contre laquelle Jaurès avait fait campagne. Mais la peine de relégation ne disparaîtra du code pénal qu'en 1938, lors du Front populaire, et la fermeture du bagne de Cayenne ne sera acquise qu'en 1953.

Le combat contre la justice militaire avait commencé, pour Jaurès comme pour la Ligue des droits de l'Homme, pendant l'affaire Dreyfus. Au-delà de la réhabilitation du capitaine, les dreyfusards percevaient la suppression des tribunaux militaires, en particulier en temps de paix, comme la vraie conclusion logique de l'Affaire. En 1904, sous l'impulsion de Pressensé, la Ligue lança une pétition réclamant « l'abolition définitive et irrévocable des conseils de guerre en France », qui servit de support à une campagne de plusieurs années et recueillit finalement, en 1910, plus de 60 000 signatures.

Mais les situations de guerre ont toujours offert un terrain favorable aux atteintes aux libertés. Au début de la Première Guerre mondiale, les libertés publiques furent complètement abolies au profit d'un arbitraire prétendument justifié par les nécessités du conflit. On renoua avec la loi du 9 août 1849, adoptée pendant la présidence de Louis-Napoléon Bonaparte sous la IIe République qui permettait de proclamer l'état de siège. Elle donnait à l'autorité militaire les pouvoirs de police et l'autorisait à perquisitionner de jour comme de nuit, éloigner toute personne de son domicile, confisquer armes et munitions, interdire les publications et réunions et déclarer la justice militaire compétente. À la veille du renversement de son régime, Napoléon III y avait eu recours lors de la guerre de 1870. De même, l'état de siège fut proclamé en août 1914, en violation des lois constitutionnelles de la IIIe République. Il rendait les tribunaux militaires compétents pour juger tous les crimes et délits concernant la sûreté de l'État, commis par des militaires comme par des civils, au front comme à l'arrière. Toute instruction préalable était supprimée et l'exécution des sentences de mort, prononcées par des tribunaux militaires spéciaux, les cours martiales, était immédiate, sans appel ni recours en grâce. La Ligue des droits de l'homme s'opposa au fonctionnement de ces tribunaux militaires, et particulièrement des cours martiales, responsables des jugements les plus scandaleux de toute la guerre, et demanda que leurs décisions soient révisées et les recours en grâce rétablis. Après avoir obtenu la suppression de ces cours spéciales en avril 1916, elle combattit en juin 1917 la tentative, soutenue par le général Pétain, alors commandant en chef des armées, de les restaurer de fait, et elle continua à dénoncer les injustices des tribunaux militaires «ordinaires» – efforts qui se poursuivirent après la guerre pour la réhabilitation des condamnés.

L'état d'urgence, de la guerre d'Algérie à 2005

La guerre d'Algérie marqua le retour à des procédures d'exception dérogatoires du droit. En mars 1955, le gouvernement présidé par Edgar Faure, dont le ministre de l'Intérieur était Maurice Bourgès-Maunoury, fit voter une loi sur l'état d'urgence justifiée, dans l'exposé de ses motifs, par le fait que « la prolongation de l'insécurité trouv[ait] son origine essentielle dans l'insuffisance des moyens de droit qui n'ont pas été conçus pour des périodes insurrectionnelles ». Cette loi permettait de ne pas recourir à l'état de siège, car c'eût été reconnaître une situation de guerre, donc la qualité de combattants à ceux que l'on voulait considérer seulement comme des criminels de droit commun. Instaurant un régime d'exception, elle permettait aux préfets d'instaurer un couvre-feu, de réglementer la circulation des personnes, de prononcer des assignations à résidence et des interdictions de séjour. Elle les autorisait aussi à décider la fermeture de lieux publics, tels que salles de spectacle, cafés ou salles de réunion, l'interdiction de réunions et de rassemblements, la confiscation des armes détenues par des particuliers, le contrôle de la presse, des publications, des émissions de radio ou encore des projections de cinéma et représentations théâtrales. Et elle dessaisissait la justice civile de ses prérogatives en autorisant les autorités administratives à pratiquer des perquisitions, de jour comme de nuit, et à déclarer la justice militaire compétente en ses lieux et place.

L'article 1 de cette loi n° 55-385 du 3 avril 1955 stipulait que « l'état d'urgence [pouvait] être déclaré sur tout ou partie du territoire métropolitain, de l'Algérie ou des départements d'outre-mer, soit en cas de péril imminent résultant de graves atteintes à l'ordre public, soit en cas d'événements présentant, par leur nature et leur gravité, un caractère de calamité publique ». Elle autorisait l'assignation à résidence de toute personne « dont l'activité s'avère dangereuse pour la sécurité et l'ordre public ». L'état d'urgence n'était donc pas limité spécifiquement à l'Algérie et créait dans le droit français un nouvel état d'exception, applicable à n'importe quelle portion du territoire national. Pour l'instaurer en Algérie, il fallut même prendre dans un second temps des dispositions particulières, conformément à son article 15 : un décret y déclara l'état d'urgence pour une durée de six mois, dans des zones précises du territoire de l'Algérie. Un autre décret du 17 mars 1956, moment du vote des « pouvoirs spéciaux » au gouvernement Guy Mollet, étendit les pouvoirs de censure des autorités administratives à « l'ensemble des moyens d'expression ». Ces pouvoirs spéciaux furent ensuite reconduits par l'Assemblée nationale à chaque changement de gouvernement de la IVe République et, au moment de la constitution du gouvernement de Maurice Bourgès-Maunoury succédant à celui de Guy Mollet en juillet 1957, ils furent étendus à la métropole.

Le 7 octobre 1958, une ordonnance permit au ministre de l'Intérieur d'interner en France métropolitaine « les personnes dangereuses pour la sécurité publique en raison de l'aide matérielle, directe ou indirecte, qu'elles apportent aux rebelles des départements algériens ». Sous la Ve République, la loi sur l'état d'urgence fut modifiée par une ordonnance du 15 avril 1960 permettant au gouvernement de le déclarer sans décision du Parlement. C'est ce qu'il fit le 22 avril 1961, lors du putsch des généraux à Alger. Mais si le putsch ne dura que trois jours, l'état d'urgence dura deux ans. Et comme, en même temps, le recours à l'article 16 de la Constitution donnait tous les pouvoirs au président de la République, cela lui permit de ne pas soumettre la prolongation de l'état d'urgence au vote des assemblées : le 24 avril 1961, parut au *Journal officiel* la « décision » du président de la République de le prolonger « jusqu'à nouvelle décision ». Celle-ci intervint le 29 septembre 1961 :

l'état d'urgence était prolongé jusqu'au 15 juillet 1962, date à laquelle une loi lui permit de durer jusqu'au 31 mai 1963.

Résultat de cette longue période où les libertés publiques n'étaient plus garanties : quatre grands camps d'internement ouverts en France, où furent envoyés plus de 10 000 Algériens qui n'avaient pas été jugés. Dans le domaine de l'édition : un livre interdit en 1958, trois en 1959, quatre en 1960, treize en 1961 et quatre en 1962, la dernière année de la guerre, livres publiés principalement chez Maspero et aux éditions de Minuit. Dans le domaine de la presse : *La Croix* saisie quarante fois ; *L'Humanité*, vingt-sept fois ; *Le Monde*, trente-sept fois ; *France-Soir*, deux fois ; *L'Aurore*, six fois ; *Témoignage chrétien*, cinquante fois ; *Charivari* (un journal caricaturiste d'extrême droite), cinq fois ; *France-Observateur*, huit fois ; *L'Express*, cinq fois ; *Rivarol*, trois fois ; *Carrefour*, deux fois. Sans compter les revues : *Les Temps modernes*, par exemple, la revue dirigée par Jean-Paul Sartre, furent saisis six fois de 1957 à 1961.

Telle fut l'application de cette loi d'avril 1955 sur l'état d'urgence. Or, le 7 novembre 2005, le Premier ministre Dominique de Villepin, confronté aux émeutes populaires dans les banlieues françaises suite à la mort accidentelle d'un jeune poursuivi par la police à Clichy-sous-bois (93) informa les Français de l'application de « la loi de 1955 ». Comme le président de la République dans son communiqué rendu public au même moment, il préférait parler de l'application de « la loi de 1955 » plutôt que de l'« état d'urgence » que cette loi instaurait. C'était pourtant bien de cela qu'il s'agissait. Il utilisa aussi le terme de « couvre-feu » qui rappelait pourtant les mesures racistes et inconstitutionnelles prises le 5 octobre 1961 par le préfet de police Maurice Papon, et les crimes commis le 17 octobre par des policiers sous ses ordres contre des manifestants désarmés. En 2005, il apparut très vite que la mise en œuvre de cette loi ne correspondait à aucune nécessité particulière du point de vue des mesures d'ordre public qu'elle aurait pu permettre : il s'agissait d'un « message politique », d'un rappel historique. Il s'agissait de dire que, comme en 1955 face à l'insurrection algérienne, le gouvernement pouvait recourir à la force si nécessaire, face à une insurrection de descendants d'indigènes dans les banlieues. Un message bien révélateur de la persistance de l'imaginaire colonial et des illusions de son efficacité.

La « loi anticasseurs » et ses résurgences

Peu après la fin de la guerre d'Algérie, dans les années 1970, les mêmes tendances à porter atteinte aux libertés publiques se firent jour lors de l'adoption de la loi « anticasseurs ». Cette loi du 8 juin 1970 était destinée à réprimer les violences à agents de la force publique et les dommages matériels causés lors d'« actions concertées » ou de rassemblements illicites ou interdits, lors de violations ou occupations de lieux affectés à certains services publics. Cette loi d'exception, votée à l'initiative de Raymond Marcellin, ministre de l'Intérieur du gouvernement de Jacques Chaban-Delmas, est elle aussi restée dans les mémoires comme un symbole de la politique du tout répressif contre les mouvements d'extrême gauche et les luttes syndicales. Elle faisait suite aux manifestations étudiantes et syndicales de 1968 et était censée réduire les débordements lors des manifestations. Les peines étaient doublées lorsque les délits étaient commis en groupe, et des personnes pouvaient être condamnées pour avoir fait partie d'un groupe au sein duquel d'autres qu'elles étaient accusées d'avoir commis tel ou tel délit.

Très vite, l'application de cette loi se focalisa sur les mouvements de revendications politiques et syndicaux qui, dans le prolongement de 1968, en étaient en fait la vraie cible. Il fallut attendre le 23 décembre 1981 pour que cette loi soit abrogée.

Mais l'idée fit son retour dans les années 2000. En 2006, peu après la vague de manifestations contre le projet de Contrat première embauche (CPE), une proposition de loi « visant à encadrer la dispersion et les débordements lors des manifestations et attroupements » fut déposée par le député UMP Éric Raoult. On pouvait lire dans son exposé des motifs que « La loi du 8 juin 1970 abrogée en 1981 permettait de lutter efficacement contre ces formes de délinquance collective. Or, nous sommes aujourd'hui démunis face à de telles situations. Il devient urgent de pouvoir sanctionner ces troubles et permettre le maintien de l'ordre au sein de nos villes ». Dans ces conditions, il était proposé un article unique selon lequel seraient punis d'une peine de trois à six mois de prison ceux qui auraient continué de participer à un rassemblement pendant lequel des violences ou des dégradations auraient été commises.

Puis, après l'élection présidentielle de 2007, un projet de loi commandité par Nicolas Sarkozy au député UMP Christian Estrosi fut publié le 5 mai 2009, concernant « la lutte contre les violences de groupe et la protection des personnes chargées d'une mission de service public ». Faisant écho aux discours présidentiels concernant les événements survenus en mars précédent au lycée de Gagny (93), le projet tentait à nouveau de rétablir la loi « anticasseurs ». Le ministère de l'Intérieur l'appuya en publiant une « liste de 222 bandes agissant sur notre territoire », issue de compilations administratives sans rapport avec les réalités observées sur le terrain.

Les deux premiers articles du projet de loi déposé par Christian Estrosi et débattu à l'Assemblée en juin 2009 étaient même destinés à rendre possibles des poursuites contre toute personne se joignant à un collectif dans lequel il pourrait être reproché quelque chose à l'un de ceux qui en font partie – y compris une *intention* de commettre des violences ou des dégradations. C'est la logique même de la loi « anticasseurs » de 1970 : une manipulation du sentiment d'insécurité sans aucun résultat tangible, qui constitue une menace pour les libertés publiques en instituant une responsabilité pénale collective, en permettant de condamner une personne pour des actes commis par des tiers sans qu'il soit besoin d'établir qu'elle en a été le coauteur ou le complice.

Les législations d'exception antiterroristes

À ce tableau des menaces sur les libertés au nom des peurs sécuritaires, dont on se rend compte qu'il montre, depuis le XIXe siècle, une grande constance et bien peu d'imagination dans les justifications invoquées comme dans les mesures proposées, il faut ajouter la question des justices d'exception.

Après l'élection de François Mitterrand à la présidence de la République en 1981, il fallut batailler ferme pour que la promesse de supprimer les tribunaux permanents des forces armées (TPFA) soit rapidement tenue.

La suppression fut publiée au *Journal officiel* du 22 juillet 1982. De même, la Cour de sûreté de l'État, créée en 1963, fut supprimée par une loi du 5 août 1981.

Mais la France n'en avait pas fini pour autant avec la tentation des justices d'exception. Une « justice antiterroriste » fut créée en 1986, la 14e chambre antiterroriste du parquet de Paris, avec des juges d'instruction spécialisés dans ce domaine. Au prétexte de lutter contre le terrorisme, il s'agit d'une véritable structure judiciaire d'exception, dont on trouvera la description dans ce livre sous la plume de William Bourdon. Il serait temps de tirer les leçons de la faillite du *Patriot Act* adopté aux États-Unis après le 11 septembre 2001. Cette loi antiterroriste, votée par le Congrès et signée par George W. Bush le 26 octobre 2001, a supprimé les garanties juridiques des enquêtes dès lors qu'elles impliquaient des «terroristes étrangers». Elle a créé les statuts de «combattant ennemi» et de «combattant illégal» qui permirent au gouvernement de détenir sans limite et sans inculpation toute personne soupçonnée de projet terroriste, comme l'a montré l'expérience de Guantanamo. Elle a créé une nouvelle catégorie, le crime de «terrorisme intérieur», qui s'applique, par exemple, à la consultation privée de documents réfutant la politique officielle.

En France, le contexte d'attentats terroristes depuis le milieu des années 1980 a permis de justifier des dérives comparables: détentions provisoires aussi longues qu'injustifiées, accusations inconsistantes, procès de masse où il était impossible aux avocats d'exercer correctement leur mission – comme le «procès Chalabi» en 2001, procès spectacle organisé dans un gymnase dépendant de l'administration pénitentiaire, où de nombreux avocats ont estimé que la meilleure façon de défendre leur client était de refuser de participer aux audiences, et où le tribunal a relaxé finalement près de la moitié des prévenus après de longs mois de détention provisoire.

La notion de «participation à une association de malfaiteurs en vue de préparer des actes de terrorisme» retenue par la législation antiterroriste permet, comme les lois scélérates de 1893, d'incriminer des intentions et non des actes, avec une garde à vue qui peut atteindre 96 heures, une intervention de l'avocat retardée à la 72e heure, et des «juges antiterroristes» qui instruisent plus à charge qu'à décharge. Les poursuites contre Yvan Colonna ont illustré les dérives de cette juridiction. Les garde à vue des membres du commando accusé d'avoir participé à l'assassinat du préfet Érignac ont été effectuées dans des conditions contestées par la défense d'Yvan Colonna, désigné comme coupable dès son arrestation par le ministre de l'Intérieur devenu président de la République. Le déroulement des procès successifs dans cette affaire montre une fois de plus la nécessité d'abroger cette justice d'exception.

Que dire ?

Depuis qu'existe la république en France, nous ne cessons d'être confrontés à des dispositifs d'exception qu'on tente de justifier devant l'opinion par les dangers d'actes terroristes, mais qui tournent le dos aux règles élémentaires de l'État de droit. Les arguments invoqués sont toujours les mêmes et les lois et justices d'exception se ressemblent toutes. Vis-à-vis de ces menaces d'arbitraire qui resurgissent sans cesse, telles les têtes de l'hydre de Lerne envoyée comme un défi par Héra en Argolide, nous ne pouvons que répéter des arguments anciens, mais qui ont le mérite d'être conformes à la fois au bon sens et aux droits de l'homme. On peut reprendre, par exemple, les termes utilisés par le jeune Léon Blum en 1898 pour stigmatiser les «lois scélérates»: «Ces lois n'auraient jamais dû être nos lois, les lois d'une nation républicaine, d'une nation civilisée, d'une nation probe. Elles suent la tyrannie, la barbarie et le mensonge.»

La garde à vue
Antoine Comte

Cette année-là, il gèle à pierre fendre et, dans cet immédiat après-guerre, le charbon manque cruellement. Le suspect est un musicien de cabaret qui veille jalousement sur sa compagne, une chanteuse déjà renommée pour son « tralala » enchanteur. Alors, quand un soupirant de cette pimpante célébrité est assassiné, les soupçons se portent sur lui. D'autant que son emploi du temps est imprécis. C'est ça, la vie d'artiste !

Il est tout seul, en petite chemise, face à des policiers emmitouflés dans leur pardessus et leur cache-nez. Ils veulent des aveux mais il résiste. Alors le commissaire ordonne à ses hommes d'ouvrir les fenêtres sur la nuit polaire. Épuisé, transi de froid, grelottant, pleurant, l'homme innocent va signer des aveux circonstanciés. Tout plutôt que cette torture.

Dans *Quai des Orfèvres*, Clouzot décrit sans concession la garde à vue de Bernard Blier face au commissaire Louis Jouvet. Tout est dit dans cette scène sur la fonction de la garde à vue, les méthodes employées : en un mot, la parfaite banalité de cette mesure policière dépourvue, à l'époque, de toute base légale. Clouzot ne se permettra qu'une seule entorse romanesque au réalisme : l'arrestation, tout à fait fortuite, du véritable assassin, avant que la machine ne broie le malheureux pianiste.

On ne comprend rien à la garde à vue si on ne la met pas en perspective avec l'aveu.

L'aveu est depuis l'Antiquité considéré comme la preuve parfaite et suffisante pour entraîner une condamnation. Et la torture, moyen privilégié d'obtenir cet aveu, qui était initialement à Rome réservée aux esclaves, va s'étendre petit à petit aux hommes libres.

À l'époque féodale, l'aveu entraîne la condamnation immédiate, dispensant l'accusateur de fournir ses preuves et n'offrant au juge aucune autre alternative que celle d'entrer en voie de condamnation.

À partir du XIIIe siècle, la justice séculière s'aligne sur l'Inquisition ecclésiastique et, afin d'obtenir l'aveu, tout comme à Rome, la torture sera utilisée. Dans ce système des preuves légales inspiré du droit romain, la preuve parfaite – *probatio probatissima* – reste l'aveu[1].

On comprend mieux, dès lors, l'esprit des grandes lois révolutionnaires sur la justice de 1790 et 1791. D'une part, les Constituants vont écarter le système des « preuves légales » qui consistaient en ordalies et autres tortures et, d'autre part, ils vont introduire la pratique de l'intime conviction, qui oblige les juges à évaluer les preuves apportées par l'accusation.

Mais une loi ne suffit pas à éradiquer des pratiques multiséculaires, d'autant que l'aveu n'a jamais été exclu comme mode de preuve : il a simplement été relativisé. De nos jours, l'article 428 du code de procédure pénale dispose que « l'aveu, comme tout élément de preuve, est laissé à la libre appréciation des juges ». Et dès lors que l'aveu reste un mode de preuve, la garde à vue s'en nourrit.

Tout au long du XIXe siècle, elle est pratiquée par les services de police et de gendarmerie sans aucun fondement légal. C'est ce que relevaient Parra et Montreuil dans leur *Traité* :

> Sous le régime du code d'instruction criminelle, bon nombre de policiers croyaient légitime la détention du témoin ou du suspect pendant vingt-quatre heures, dans les locaux de police ou de gendarmerie, pour les nécessités d'une enquête judiciaire. D'où venait cette croyance[2] ?

C'est évidemment la recherche de l'aveu qui était à l'origine de cette pratique pourtant non codifiée.

Pour s'en convaincre, il faut se reporter aux éléments du *Traité théorique et pratique de police judiciaire* de Louis Lambert publié à Vichy en 1944. Pour celui qui fut professeur à l'École supérieure des commissaires de police de 1941 à 1970, la privation de sommeil était une torture licite qui s'inscrivait dans la technique du « harassement », « facilitant ce vertige mental d'où procède l'aveu[3] ».

C'est d'ailleurs l'« État français » de Vichy qui, pour la première fois, a réglementé la garde à vue dans une circulaire du 23 septembre 1943. Pour empêcher les évasions, il s'agissait d'organiser « la privation de liberté en toute illégalité[4] » dans des locaux *ad hoc* pour une durée de vingt-quatre heures, renouvelable.

Bien que condamnées lors du rétablissement de la légalité républicaine, cette circulaire et sa pratique ont perduré.

Jusqu'à la création, en décembre 1957, du code de procédure pénale – qui codifie notamment la garde à vue –, de nombreuses questions se sont posées sur la légitimité d'une telle mesure. Il fut un temps question de supprimer l'interrogatoire pendant la garde à vue, de limiter celle-ci à vingt-quatre heures avant que le suspect soit présenté à un magistrat et enfin, dans l'hypothèse d'un interrogatoire, d'en encadrer sévèrement les conditions.

Mais en cette année 1958 – année tumultueuse – la simple codification de la garde à vue apparaît à une majorité comme un progrès considérable après un siècle et demi d'existence non codifiée.

Pourtant, certains ne s'y trompent pas et posent le problème correctement, alors même que le pire est à venir : « Ce n'est plus le juge qui fait l'instruction et la loi de 1897 [sur l'instruction] n'est plus que d'un usage théorique... c'est quarante-huit heures de détention sans mandat avec la permission de faire tout ce que la loi défend » écrit Maurice Garçon.

En face, Jacques Isorni réplique :

> Ainsi donc nous aurions réglementé la torture parce que nous nous sommes opposés à ce que la personne interrogée puisse exiger huit heures de sommeil et un repos d'une heure trente toutes les quatre heures, comme le demandait Pierre Cot ? Et pourquoi pas un canapé[5] ?

Finalement, l'avocat de Pétain restait cohérent puisqu'il défendait là, plus d'une décennie après le rétablissement de la légalité républicaine, la législation la plus liberticide de Vichy.

C'est ainsi que furent posés en France les termes idéologiques du débat sur la garde à vue. On n'en sortira qu'avec l'obligation pour le législateur français d'intégrer en droit interne les normes européennes. Cela était devenu alors d'autant plus indispensable que les craintes de Maurice Garçon étaient largement dépassées. En effet, la loi de 1963, créant la Cour de sûreté de l'État, avait porté la garde à vue à six jours, tandis que la loi de 1970 sur la répression du trafic de stupéfiants l'avait portée à quatre-vingt-seize heures, soit quatre jours. Et même si la Cour de sûreté de l'État avait été supprimée par la loi du 4 août 1981, dès le mois de septembre 1986, la nouvelle loi sur la répression du terrorisme réintroduisait une garde à vue exceptionnelle de quatre jours. Le mouvement devait encore s'amplifier.

De proche en proche, tout le système pénal français se fondait sur un socle d'exception où tout était permis aux policiers pour obtenir la *probatio probatissima*, et ce pendant des jours entiers.

Le premier coup d'arrêt contre cette violence policière et judiciaire légalisée a été donné par la loi du 4 janvier 1993. Outre les conditions qu'elle pose au placement en garde à vue – il faut qu'il existe des indices de commission d'infractions – un certain nombre de droits sont reconnus à la personne gardée à vue : examen médical, visite de l'avocat à la vingtième heure ainsi que la possibilité de prévenir un proche.

Mais dès le mois d'août suivant, lorsque la droite revient aux affaires, un net recul est enregistré : l'intervention de l'avocat est retardée pour certaines infractions et pour les gardes à vue d'exception.

La loi Guigou de 2000 remet l'ouvrage sur le métier et renforce les droits des personnes gardées à vue. C'est d'abord l'introduction du droit au silence, l'exigence de conditions précises pour le placement en garde à vue, l'intervention de l'avocat dès la première heure – même si son rôle reste totalement formel – et, d'une manière générale, une certaine information contradictoire donnée à la personne.

Dès 2002, alors que la gauche est encore au pouvoir, un nouveau recul est concédé sous la pression policière, s'agissant notamment du moment de la notification des droits. Ce recul s'approfondira avec le retour de la droite aux affaires et avec la suppression du droit au silence par la loi de 2003.

Dans cette même période, de nouveaux régimes dérogatoires de garde à vue sont mis en place, tantôt pour réprimer le terrorisme – garde à vue portée à six jours par la loi du 23 janvier 2006 –, tantôt pour la criminalité organisée, avec la mise en place d'une garde à vue renforcée qui retarde notamment l'intervention de l'avocat (loi Perben de 2004).

Significative de l'incapacité de la police et de la justice à renoncer aux pires méthodes coercitives pour obtenir des aveux, la loi Outreau du mois de mars 2007 a précisément écarté de son domaine d'application le noyau dur des affaires pénales où les garanties sont le plus nécessaires. Car si cette loi introduit l'enregistrement audiovisuel des gardes à vue pour les affaires criminelles, elle l'exclut pour les affaires de stupéfiants, de grand banditisme et de terrorisme, c'est-à-dire pour les affaires où les gardes à vue sont exceptionnellement longues, et grosses de « la permission de faire tout ce que la loi défend ».

Seule l'irruption dans cette dérive de plusieurs décisions de la Cour européenne en modifiera partiellement les termes, tant il est vrai que la culture de l'aveu et les méthodes séculaires pour l'obtenir imprègnent durablement le système français. La Cour européenne frappera d'abord par deux fois : en premier lieu avec la décision Salduz contre la Turquie (27 novembre 2008) et, dans un second temps, à l'appui d'une décision également portée contre la Turquie (Dayanan, du 13 octobre 2009).

Ces deux décisions sont particulièrement appropriées au système français puisqu'elles concernent les gardes à vue exceptionnelles dans le cadre d'une juridiction spéciale de sûreté de l'État. Il n'en reste pas moins que pour la Cour européenne, un procès équitable « exige normalement que le prévenu puisse bénéficier de l'assistance d'un avocat dès les premiers stades des interrogatoires de police [...] ce droit [de ne pas s'incriminer soi-même] présuppose que, dans une affaire pénale, l'accusation cherche à fonder son argumentation sans recourir à des éléments de preuve obtenus par la contrainte ou les pressions au mépris de la volonté de l'accusé. »

Un an plus tard, la Cour estimait une nouvelle fois que

> l'équité d'une procédure pénale requiert, d'une manière générale, [...] que le suspect jouisse de la possibilité de se faire assister par un avocat dès le moment de son placement en garde à vue ou en détention provisoire [...] en effet, l'équité de la procédure requiert que l'accusé puisse obtenir toute la vaste gamme d'interventions qui sont propres au conseil. À cet égard, la discussion de l'affaire, l'organisation de la défense, la recherche de preuves favorables à l'accusé, la préparation des interrogatoires, le soutien de l'accusé en détresse et le contrôle des conditions de détention sont des éléments fondamentaux de la défense que l'avocat doit librement exercer.

D'une manière générale, les juges français se montreront totalement incapables d'intégrer ces normes européennes. Y aurait-il là un attachement idéologique à une justice auxiliaire de la police ? Ou plus simplement la peur que toute l'architecture de la procédure pénale française ne s'effondre et que la « production » judiciaire n'en soit que plus difficile ? Quoi qu'il en soit, certaines décisions font preuve d'un autisme consternant.

Ainsi, en février 2010 – et alors que les décisions de la Cour européenne ont déjà bouleversé la donne – une chambre correctionnelle de Paris écarte toutes les critiques formulées à l'égard des déclarations faites par un suspect de trafic de stupéfiants en garde à vue pendant soixante-douze heures, sans la présence d'un avocat :

> Il résulte de l'examen des pièces de la procédure que M. a été placé en garde à vue du 21 au 24 mars pour une durée inférieure à 72 heures de telle sorte et en application des dispositions du code de procédure pénale qu'il n'a rencontré aucun avocat [...] Il convient de relever, qu'en l'espèce, les dispositions du code de procédure pénale ont été parfaitement respectées et que les incriminations formulées par M. ont fait l'objet d'une enquête dont il pouvait légalement relancer le cours après un classement sans suite. Que si les dispositions de la Convention européenne des droits de l'homme sont directement applicables en droit interne, il ne saurait en être de même des décisions de la Cour européenne, cette applicabilité au gré de tel ou tel procès aboutissant à créer une insécurité juridique et à rompre l'inégalité [*sic*] des justiciables face au droit[6].

Il revient au Conseil constitutionnel d'avoir compris, avant les juridictions judiciaires, que la garde à vue *à la française* – mélange de rapport religieux à l'aveu et de justification des moyens les plus extrêmes pour l'obtenir – doit céder devant les règles de droit européen charriées par la Convention européenne. Celle-ci avait rappelé, dans son préambule directement inspiré de l'horreur de la dernière guerre mondiale, que les libertés fondamentales proclamées constituaient les assises même de la justice et de la paix.

Dans un arrêt retentissant du 30 juillet 2010, le Conseil constitutionnel, tenant compte du nombre toujours plus important de personnes gardées à vue – 580 000 en 2008 – déclarait inconstitutionnelles les dispositions du code de procédure pénale relatives à la garde à vue dans la mesure où elles n'assuraient pas l'assistance effective d'un avocat. Mais on ne doit pas exagérer la portée de cet arrêt du Conseil constitutionnel car il n'extirpe pas de la procédure pénale française les gardes à vue de la pire espèce, celles de longue durée qui rendent quasiment vaine l'assistance d'un avocat.

En effet, l'arrêt du 30 juillet 2010 ne déclare pas contraire à la Constitution l'article 63-4 du code de procédure pénale dans son 7e alinéa. Or, ce texte organise les gardes à vue de longue durée en matière de criminalité organisée, de stupéfiants et de terrorisme, et retarde pour chacune de ces gardes à vue l'intervention de l'avocat de la quarante-huitième à la soixante-douzième heure. D'autant qu'une pratique constante des services de police et de gendarmerie consiste à boucler les procédures juste avant que n'intervienne l'avocat (comme le démontre l'affaire M. citée plus haut). Non seulement la décision du Conseil constitutionnel ne porte que sur une partie des gardes à vue mais de surcroît elle ne transpose pas totalement les normes européennes en droit français.

Dans son rapport au gouvernement français, rédigé en décembre 2007, le Comité européen pour la prévention de la torture et des peines ou traitements inhumains ou dégradants (CPT) était particulièrement sévère sur ce point.

> Lors de sa visite, la délégation du CPT a pu observer que les droits fondamentaux des personnes en garde à vue, telle que prévue par la législation française, étaient globalement respectés. Cela étant, comme déjà indiqué, l'évolution de la situation au plan juridique par rapport aux recommandations formées par le CPT n'a eu de cesse de se détériorer. En effet, la loi du 9 mars 2004

portant adaptation de la justice aux évolutions de la criminalité a étendu le domaine de la garde à vue de longue durée à plusieurs autres infractions (en complément au terrorisme et au trafic de stupéfiants) et a fait reculer l'intervention de l'avocat dans le cadre de la procédure spéciale applicable en matière de criminalité et de délinquance organisée de la trente-sixième à la quarante-huitième heure. En outre, elle a supprimé le deuxième entretien avec l'avocat prévu à la vingtième heure dans le régime de droit commun.

De plus, la loi du 23 janvier 2006 relative à la lutte contre le terrorisme et portant dispositions diverses relatives à la sécurité et aux contrôles frontaliers a porté la durée maximale de la garde à vue à six jours « s'il ressort des premiers éléments de l'enquête ou de la garde à vue elle-même qu'il existe un risque sérieux de l'imminence d'une action terroriste en France ou à l'étranger ou que les nécessités de la coopération internationale le requièrent impérativement... » et a également reporté l'intervention de l'avocat en cette matière à la quatre-vingt seizième et cent vingtième heure. Ainsi c'est dans le cadre de la mise en œuvre des dispositions pénales parmi les plus sévères que l'accès à l'avocat est d'autant plus retardé[7].

Comme si tout cela ne suffisait pas, le Conseil constitutionnel, dans une série de décisions du 22 septembre 2010, allait valider tout ce que le CPT considère comme contraire à ses recommandations. Ces décisions du Conseil faisaient suite à une saisine par des requérants kurdes poursuivis pour association de malfaiteurs terroriste : certains d'entre eux n'avaient pas même rencontré d'avocat à la soixante-douzième heure, le magistrat instructeur ayant demandé qu'ils lui soient présentés quelques minutes avant l'intervention de l'avocat en garde à vue. Dans cette affaire, le Conseil a finalement conclu que ces dispositions «*ne portaient atteinte à aucun droit ou liberté que la Constitution garantit*».

En somme, le socle nouveau du droit pénal français est fait non seulement de mesures exceptionnelles – dont l'interminable garde à vue – mais, d'autre part, n'est en rien affecté par l'imposition des normes européennes, y compris lorsque la pratique policière ou judiciaire vide d'effectivité les règles de procédure française.

L'éphémère rapport Léger ne touchait pas aux gardes à vue dérogatoires au droit commun et les laissait subsister sans aucunement leur étendre les principes posés par le Conseil constitutionnel dans son arrêt du 30 juillet 2010[8].

De la même manière, la loi du 14 avril 2011 sur la garde à vue prévoit que l'intervention de l'avocat puisse être différée pendant quarante-huit heures en matière de criminalité organisée et pendant soixante-douze heures en matière de stupéfiants et de terrorisme et ce, selon décision du parquet (relayée après par le JLD[9]), c'est-à-dire à la faveur du pouvoir politique, qui s'arroge le droit de priver, en dernière instance, une personne présumée innocente de tous ses moyens de défense. S'ajoute à cela la pratique, illustrée par le jugement M. précité, par laquelle les services de police, voire le juge mandant, s'autorisent à vider de toute effectivité les règles de procédure françaises en bouclant les procédures avant l'intervention de l'avocat.

Face à tant d'arbitraire, la conclusion s'impose d'elle-même.

La garde à vue n'est pas amendable car, depuis qu'elle a été codifiée en 1958 après s'être perpétuée comme pratique illégale pendant un siècle et demi, aucune réforme, aucune décision des juridictions suprêmes, nationales ou européennes, n'a réussi à trouver l'équilibre entre droits des personnes encore présumées innocentes et nécessités des investigations policières.

Il faut donc supprimer purement et simplement la garde à vue. Non seulement – et ce serait déjà largement suffisant – parce qu'elle est mère de tous les arbitraires, mais aussi parce qu'elle empêche, par sa facilité, l'émergence d'un véritable droit de la preuve, fondé sur des investigations techniques, des débats contradictoires et des recherches scientifiques, permettant de conférer aux condamnations prononcées par les juridictions pénales, un seuil acceptable de certitude.

On mesure ce paradoxe de la garde à vue en prenant connaissance, ces temps derniers, des propos de responsables policiers qui ont relevé à plusieurs reprises qu'avec les dernières réformes législatives, le nombre de gardes à vue a diminué... mais également le taux d'élucidation des affaires.

On ne peut mieux dire. Les gardes à vue sans intervention d'avocat permettent l'aveu, élément clé de la production policière. Et sans aveu, le taux d'élucidation des affaires baisse.

Pourtant, tous s'accordent à considérer que les investigations policières ont besoin, à un moment de leur développement, à la phase cruciale de l'accumulation des éléments à charge, que le ou les suspects soient empêchés de détruire des preuves utiles et/ou de se concerter avec les complices non encore identifiés, et en tout cas libres.

L'idée d'une immobilisation d'un suspect pendant un laps de temps précis est parfaitement admissible et ne heurte aucun principe fondamental.

Mais cela implique que soient séparées les

fonctions d'enquête et les fonctions de retenue du suspect. À leur manière pragmatique, les Britanniques, dans leur loi de 1984 *Police and Criminal Evidence Act*, ont institué dans chaque commissariat un officier de police qui n'a qu'une seule fonction, celle d'assurer le contrôle de la légalité des gardes à vue mais qui en revanche ne peut intervenir dans l'enquête en cours.

Mais il n'est pas question de supprimer la garde à vue pour qu'elle se réintroduise comme pratique illégale, comme cela s'est produit tout au long du dix-neuvième siècle. Il faut donc que le suspect retenu bénéficie d'un véritable *habeas corpus,* qui pour l'heure fait défaut dans la procédure française.

Par *habeas corpus*, nous entendons un système de contrôle de la retenue d'une personne, pendant des laps de temps précis, effectué par un juge indépendant, en présence des parties, à savoir l'accusation et la défense, afin que ce magistrat statue sur les motifs invoqués par la partie poursuivante, au vu des investigations en cours et des preuves rassemblées qui justifieraient le maintien à disposition du suspect.

Plus de référence abstraite à l'ordre public, tarte à la crème des prolongations de la garde à vue, plus d'omnipotence du parquet, qui n'a jamais rien contrôlé autrement qu'en laissant faire la police, plus de juge des libertés et de la détention, qui ne présente aucune garantie statutaire puisqu'il est nommé et peut être révoqué *ad nutum*[10] par le président du tribunal de grande instance, plus de ces gardes à vue interminables sans garantie ni droit certains.

C'est dire que tout reste à faire pour protéger les citoyens contre la force oppressive de l'État.

1. cf. Article «Aveu» du répertoire *Dalloz.*
2. C.Parra, J. Montreuil, *Traité de procédure pénale policière*, Quillet éditeur, Paris, 1970, p. 292.
3. L.Lambert, *Traité théorique et pratique de police judiciaire*, Johannes Desvigne, 1945, p. 587-594 et 597 s., cité par A. Astaing in «De la gehenne de Florence à la privation de sommeil en garde à vue» A.J. pénal 2009 p. 347.
4. H. Vlamynck, «La garde à vue du code d'instruction criminelle à nos jours», *in AJ Pénal 2008*, p. 257.
5. G. Antonowicz, *Jacques Isorni, L'Avocat de tous les combats*, Paris, 2007, p. 421.
6. Affaire M. c/ Ministère Public, 11 février 2010, 16e chambre correctionnelle du tribunal de grande instance de Paris.
7. «Rapport au Gouvernement de la République française relatif à la visite effectuée en France par le Comité européen pour la prévention de la torture et des peines ou traitements inhumains ou dégradants du 27 septembre au 9 octobre 2006», *CPT/Inf*, 2007, n° 44, p. 22.
8. *Le Monde* du 19 janvier 2010, «Justice pénale: un parquet omnipotent et sans contre-pouvoir serait dangereux».
9. Juge des libertés et de la détention.
10. Cela signifie que ce juge peut être révoqué sans qu'aucun motif ne soit donné: c'est ce qui est arrivé à un JLD de Créteil, déplacé parce qu'il déplaisait à la police.

La police : une compétence régalienne ?

Gilles Sainati

Fin juin 2011, la Cour des comptes a publié un rapport intitulé : « L'organisation et la gestion des forces de sécurité publique ». Adoptant comme période d'étude les années 2002-2010, ce rapport tire en réalité le bilan des années Sarkozy. L'analyse faite par les chambres régionales des comptes dans 52 villes de 4 régions françaises et leur diagnostic final n'est pas pour nous surprendre :

– statistiques de la délinquance biaisées ;

– mauvaise utilisation des effectifs de la gendarmerie et de la police doublée d'une restriction budgétaire en aveugle ;

– détestable politique du chiffre ;

– dévoiement de la vidéosurveillance à l'efficacité inexistante ;

– augmentation des effectifs de policiers municipaux et autres vigiles à la formation lacunaire ;

– augmentation des atteintes aux personnes.

Ce diagnostic n'est pas nouveau, mais le pouvoir n'en a cure, tant la démarche adoptée en matière de police et de sécurité constitue le cœur d'une approche idéologique et politique.

C'est dans l'héritage des années Reagan et Bush que les conservateurs et réactionnaires hexagonaux vont puiser leurs doctrines – pour exemple, la notion de « tolérance zéro ». L'objectif affiché n'est plus de rechercher et sanctionner la délinquance organisée mais de poursuivre, enfermer, expulser ceux qui se tiennent sur la voie publique – jeunes, étrangers, toxicos, prostituées –, et cela au nom de la lutte contre le terrorisme. La chasse aux pauvres est ouverte.

Cette évolution idéologique va nécessiter la mise en place d'une police adaptée à ces buts et c'est à la fin des années 1990, sous la houlette de Jean-Pierre Chevènement, que commence à s'opérer cette transition, à coups de méthodes de management et d'arsenal statistique.

Le ministère de l'Intérieur, par le biais d'officines privées, cherche alors à s'imposer comme le consultant de toutes les collectivités territoriales en matière de sécurité. Ainsi, à partir de 1998, pour obtenir des subventions en matière de politique de la ville, les collectivités doivent passer un contrat local de sécurité souscrit auprès d'une société de diagnostic et validé par le ministère, et ceci qu'elles aient ou non à faire face à des problèmes de délinquance. La sécurité devient alors l'élément essentiel de la prévention et de l'action de l'État et des collectivités territoriales alors que le domaine économique s'enlise et que le secteur social subit des purges budgétaires successives : mieux encore, par un renversement sémantique, la sécurité devient l'attribut essentiel de la liberté.

Dès cette époque, dans le cadre des conseils donnés aux communes, est mis en exergue le nécessaire développement des polices municipales et l'accroissement de la vidéosurveillance.

Derrière cette politique, on trouve des individus comme Alain Bauer et des organisations comme le Syndicat des commissaires de police mais surtout l'Institut des Hautes Études de Sécurité Intérieure (IHESI). Cet institut commence à connaître un développement important sous Chevènement. Mais c'est avec l'avènement de Sarkozy au ministère de l'Intérieur que les différents instituts de recherche et de réflexion sur le phénomène de la délinquance (Institut des hautes études de la justice, Institut des hautes études de la défense nationale, etc.) sont regroupés sous le nom d'Institut des hautes études de sécurité (IHES) placé sous l'autorité du ministère de l'Intérieur. Sans plus aucune structure concurrente, l'IHES va ainsi récupérer l'intégralité des crédits de recherche sur les phénomènes criminels, centralisant les connaissances et produisant une pseudo-science de propagande. L'idéologie d'État est en place. Certains auteurs, dont Laurent Mucchielli, estiment que s'implante en France une criminologie d'État[1]. Cette nouvelle organisation de la pensée sécuritaire, qui monopolise les budgets et les subventions, se veut impartiale car scientifique – alors que ce monopole d'État sur la pensée et sur le diagnostic de la délinquance est plutôt un archaïsme. Le ministère de l'Intérieur a ainsi acquis une compétence générale sur tous les phénomènes de délinquance et se positionne comme le seul opérateur qui commande des recherches à ce sujet. Ce sera d'abord par le biais de l'IHESI (qui prendra ensuite le nom d'Institut national des hautes études de la sécurité et de la justice, INHESJ, à partir de septembre 2004) puis par celui d'un institut d'observation statistique, l'Observatoire national de la délinquance, présidé par Alain Bauer.

Sous le ministère Chevènement, on a mis en place une nouvelle classification des infractions, issue d'une étude de la section « ville et banlieue » de la direction centrale des renseignements généraux : les violences sont réparties en degrés. Les moins importants sont le racket, les coups et blessures volontaires, rixe, razzia, vols avec violence, bref, tout ce qui peut arriver à un citoyen lambda. Mais au 4e, 5e et 6e degrés, les plus graves donc, on trouve les lapidations des véhicules… de police, les attroupements hostiles… aux policiers, les émeutes contre les forces de l'ordre et tout ce qui y ressemble.

À lire cette étude et la littérature qui s'en est inspirée, on observe dès 1998 une véritable paranoïa d'État. Les services de police vont être organisés en ce sens : brigade anticriminalité (BAC), suppression progressive d'une police de proximité balbutiante et multiplication des raids par une police de plus en plus militarisée.

À ce titre, un bon indicateur des rapports entre la police et la population est le nombre des délits d'outrage à agents. Selon l'Observatoire national de la délinquance, il a été recensé 31 731 faits d'outrage à agents dépositaires de l'autorité en 2007 contre 17 700 en 1996, soit une augmentation de 79 %. Le Syndicat de la magistrature a condamné cette tendance, indiquant qu'elle était aussi un moyen de « faire du chiffre ». Le sociologue Fabien Jobard constate en outre que les sanctions sont de plus en plus sévères, 20 % des infractions à dépositaires de l'autorité publique (IDPAP) donnant lieu à des peines de prison ferme.

Les services de police sont d'autre part mis au service de l'outil statistique et la politique du chiffre l'emporte au détriment de l'efficacité. Dans un communiqué du 1er juillet 2009, la CGT UFR Police notait : « La police nationale n'assure plus que des missions répressives dans le cadre de la rentabilité et de la culture du résultat, laissant ainsi les missions de prévention, de dissuasion et de rapports humains à des supplétifs et des amateurs comme les citoyens volontaires. »

Toujours dans le cadre de cette réorganisation des forces de police, on assiste dès le début des années 2000 à l'effacement progressif des Services régionaux de police judiciaire (SRPJ) au profit des Groupes d'intervention régionaux (GIR) aux méthodes de plus en plus militarisées. Ces groupes fonctionnent par

« coups », par descentes. Créés en 2000, ce sont des entités pluridisciplinaires chargées d'agir contre la délinquance sous tous ses aspects. Ils sont rattachés aux services régionaux de police judiciaire ou aux sections de recherche de la gendarmerie nationale afin de bénéficier, en matière de police judiciaire, d'une compétence géographique régionale. Chaque groupe est composé de policiers (sécurité publique, police judiciaire, anciens des renseignements généraux), de gendarmes, d'un fonctionnaire des impôts et d'un fonctionnaire des douanes. En réalité, si l'aspect transdisciplinaire des personnels est pertinent, un manque de lisibilité existe avec les SRPJ et autres services de police judiciaire. Directement sous un contrôle politique, il n'échappe à personne que beaucoup d'opérations des GIR jouent un rôle médiatique, une part de communication, là ou justement la discrétion et le travail à long cours seraient plus utiles.

Dès lors, la pêche aux renseignements sera focalisée sur les moyens technologiques (écoutes téléphoniques, sonorisation en tous genres, interception de correspondances numériques) tandis que l'arsenal législatif et pénal devra se conformer à ces nouvelles pratiques policières : loi Perben I et II, peines planchers, réorganisation et caporalisation des parquets.

L'écoute téléphonique n'est plus un élément de l'investigation mais le point de départ de l'investigation. Que ce soit avec la surveillance d'Internet par des brigades de lutte contre la pédophilie ou dans la lutte contre la drogue, en lieu et place de l'investigation et des relations avec le milieu, on lance de grandes opérations d'écoutes technologiques. On traite ce qui est pris dans les mailles du filet mais de manière imparfaite puisqu'on ne remonte pas les filières.

L'échec de la lutte contre les stupéfiants en est un

exemple frappant. On organise des écoutes téléphoniques, on fait des descentes dans les cages d'escaliers pour embarquer les trafiquants consommateurs locaux (10 interpellations équivalent à 10 procédures, autrement dit à 10 affaires élucidées). On privilégie donc toujours le chiffre au détriment de l'efficacité. Faute d'une réelle volonté politique, on ne démantèle pas les réseaux, car non seulement la drogue est souvent la principale production de bien des pays (l'Afghanistan pour l'opium ou encore le Maroc qui fournirait 80 % du cannabis) mais en plus les cartels fournissent des liquidités au secteur bancaire : ce trafic constitue le troisième commerce le plus important en argent après le pétrole et la vente d'armes[2].

Si la structure de cette politique trouve son origine à la fin des années 1990, ses évolutions et péripéties sont encore à venir.

Dès que la machine s'enraye, un cap supplémentaire est franchi, que ce soit en créant un nouveau vocabulaire qui envahit la culture d'État (lutte contre « le sentiment d'insécurité », « vidéoprotection » plutôt que « vidéosurveillance », « secret professionnel partagé ») ou en s'accordant sur des buts de plus en plus discriminatoires, comme en témoigne l'évolution de la chasse aux étrangers désormais ouvertement assignée à la police et aux services de préfecture.

En outre, les évolutions technologiques ne servent qu'à rendre irréversible l'évolution sécuritaire, non pas par leur efficacité mais par la destruction des savoirs professionnels et des notions fondamentales de l'État de droit. Ainsi en est-il, par exemple, du droit à l'oubli complètement dissout par l'irruption d'un fichier comme le Système de traitement des infractions constatées (STIC) qui « rénove » les méthodes policières en transformant la filature et le renseignement en un pianotage sur le terminal PC.

La police devient l'instrument politique d'une représentation sécuritaire qui est sans rapport avec ses missions. Cette logique de suspicion généralisée est fondée sur des peurs soigneusement entretenues par des mises en scène victimaires quotidiennes. Ainsi, en 2002, au soir de l'élection de Jacques Chirac, son ami Devedjian déclarait-il : « le bleu marine va revenir à la mode ».

Mais si, à partir de 2000, le ministère de l'Intérieur prend le contrôle intégral sur toute l'idéologie sécuritaire et les méthodes qui vont avec, on assiste aujourd'hui au dépècement de ce même ministère au profit de sociétés privées. La loi d'orientation et de programmation pour la performance de la sécurité intérieure (Loppsi 2) prévoit notamment le renforcement du statut des entreprises privées et le développement de la privatisation des missions de sécurité avec des effectifs (de l'ordre de 170000 salariés aujourd'hui) qui devraient bientôt dépasser les effectifs publics de la police et de la gendarmerie (220000). Se met alors en place une structure économique et commerciale qui transforme progressivement le sécuritaire en marché captif, de sorte que le ministère de l'Intérieur n'est plus perçu comme une autorité régalienne mais comme un opérateur économique qui, après avoir « sécurisé le terrain », doit réduire ses interventions pour faire place à des sociétés privées prestataires.

Les milices, les entreprises de sécurité et tout un arsenal inédit fleurissent. Certains de ses aspects sont extrêmement dangereux pour les libertés publiques : les polices municipales s'arment, le Taser (présenté comme une arme non létale alors qu'on s'est vite aperçu qu'elle était extrêmement dangereuse) équipe désormais nombre d'unités, et bien d'autres gadgets ne servent qu'à détourner les budgets sociaux des collectivités locales vers des plus-values pour actionnaires. Ainsi, le budget de la vidéosurveillance occupe désormais 60 % du budget de la prévention spécialisée dans le cadre de la politique de prévention de la délinquance. Autrement dit, la plus grosse partie des budgets sociaux spécialisés en matière de délinquance est passée dans l'achat et l'entretien de caméras de vidéosurveillance par des sociétés privées.

Les conservateurs de tous bords peuvent se réjouir, les objectifs de la LOLF (Loi organique relative aux lois de finance) et de la RGPP (Révision générale des politiques publiques) seront ainsi atteints : réduction des effectifs, déclassement d'un service public, celui de la police et de la gendarmerie nationales, son externalisation progressive au profit de conglomérats privés spécialisés et diversifiés dans la surveillance et la contention carcérale comme, par exemple, Bouygues ou Vivendi (en 2018, la moitié des prisons françaises devraient être privées).

Cette politique est habillée et complétée d'un vernis citoyen que l'on appelle « réserve civile », et dont la finalité volontairement floue conduit inéluctablement à généraliser la délation entre groupes communautaires dont on a au préalable suscité la création et l'extension.

Ce dernier projet mis en place récemment dans la Loppsi II est admirablement décrit par Nicolas Sarkozy dans un discours en date du 9 février 2008 à propos du plan « Une nouvelle politique pour les banlieues » : « Des réservistes expérimentés seront recrutés comme délégués à la cohésion police/population. Ils s'appuieront sur des "volontaires citoyens de la police nationale", c'est-à-dire des habitants, dont je veux engager le recrutement pour qu'ils s'impliquent dans la sécurité de leur propre quartier. » Cette nouvelle police de la plèbe, dénommée « *community policing* », est directement inspirée d'expériences anglo-saxonnes qui datent du début des années 1990[3]. Elle fascine jusqu'à Christine Boutin qui, lors d'un débat sénatorial en 2008, expliquait « qu'à l'occasion d'un déplacement en Angleterre, [elle avait pu] constater qu'il exist[ait] sur tout le territoire un référent parmi les citoyens pour 500 habitants » et de souligner que ce dispositif s'était avéré « très positif du point de vue de la solidarité entre habitants » (*sic*).

À ce Service volontaire citoyen (SVC), dont la base juridique est donnée par les lois sur la sécurité intérieure de 2003 et 2007, et dont on peut retrouver dorénavant le formulaire d'adhésion sur le site du ministère de l'Intérieur, s'ajoutent diverses initiatives plus locales comme les « voisins vigilants » dans le sud-est de la France. Cette formule sera reprise ensuite par Claude Guéant dans une circulaire datée du 22 juin 2011 pour « généraliser cette participation citoyenne à la lutte contre la délinquance ». Ainsi chaque citoyen est encouragé à développer « l'acquisition du réflexe de signalement aux autorités compétentes de tout fait anormal ».

Polices municipales armées en développement constant, réservistes de la police nationale, citoyens vigilants et volontaires : en dix ans, la police française est passée d'un modèle ancien qui se voulait garant de la sûreté de l'individu au sens des Déclarations des droits de l'homme de 1789 et 1793 (c'est-à-dire en le protégeant un tant soit peu de l'arbitraire du pouvoir et de son voisin) à celui d'une police de la sécurité où tout le monde devient suspect et contrôlé par l'État et par son voisin.

Comment détricoter cette situation et revenir à l'époque du gardien de la paix et au mythe des hirondelles ou, en tout cas, à une police de proximité respectueuse de la population ? Existe-t-il des propositions de gauche pour y parvenir ?

Outre l'abrogation des lois répressives votées depuis 2001 et la fin de la politique du chiffre, il faudra bien que la gauche s'attelle à une grande réforme de la formation de la police comparable à celle de Joxe en 1981 : sensibilisation aux droits et libertés des citoyens, à la lutte contre les discriminations et clarification du rôle de la police municipale.

L'abrogation de la loi Loppsi 2 (qui augmente considérablement les pouvoirs de la police municipale et ses capacités d'armement) est urgente. Parallèlement, il est indispensable de supprimer le Taser et le Flash-Ball de la dotation du policier de base.

Le démantèlement de l'Institut national des hautes études de la sécurité et de la justice s'impose afin de permettre un débat pluraliste sur la sécurité et l'indépendance totale de la statistique policière vis-à-vis du ministère de l'Intérieur. Ainsi les statistiques nécessaires à l'évaluation des résultats des politiques de sécurité seront élaborées par des services publics indépendants du ministère de l'Intérieur, organisés conformément aux bonnes pratiques recommandées par l'ONU et au Pacte international relatif aux droits civils et politiques. Il est bien évident qu'en corollaire, la politique du chiffre doit être abandonnée et qu'il doit être mis fin aux primes pour bons résultats (dites primes Sarkozy) qui lui sont liées.

Le rattachement de la police judiciaire au pouvoir judiciaire doit permettre de réorienter les enquêtes vers la lutte contre les affaires économiques, financières et de délinquance écologique mais aussi d'encadrer les enquêtes préliminaires et enquêtes de flagrance par des officiers de justice rattachés au service régional de police judiciaire. En tout état de cause, les opérations de police ne peuvent en aucun cas consister en mises en scène d'opérations coups de poings dans des quartiers déjà en difficulté sociale. Cette indépendance de l'investigation judiciaire doit se manifester par un transfert des laboratoires de police scientifique (aujourd'hui sous le commandement du ministère de l'Intérieur) au ministère de la Recherche sous forme d'établissements publics, garantissant ainsi l'indépendance de l'expertise.

Cette clarification du rôle de chacun des services publics et organes d'État chargés de la sécurité doit aboutir à un contrôle strict et une limitation de chacun d'entre eux : police, renseignement et armée. En effet, la concentration des pouvoirs de renseignements décidée en 2008, qui place la Direction centrale du renseignement intérieur (née la fusion des renseignements généraux et de la DST) sous l'autorité du président de la République, aboutit à une fusion du renseignement policier et du renseignement politique au sein d'un service omnipotent et par là même complètement dévoyé. Cette concentration doit être revue en réaffectant les services aux ministères de tutelle classiques (Défense et Intérieur) et en instaurant une délimitation précise de leurs pouvoirs (lutte contre la délinquance organisée internationale, terrorisme, renseignement économique et stratégique).

La mise en place d'une véritable police de proximité passe inévitablement par des recrutements et une réorganisation des effectifs et l'implantation de véritables commissariats dans les quartiers. C'est-à-dire qu'il faut arrêter la RGPP (révision générale des politiques publiques), qui touche tous les ministères, et instaurer une rationalisation des dépenses non pas au détriment des personnels mais plutôt en limitant l'usage des gadgets tels que la vidéosurveillance et en dénonçant les politiques de partenariat public/privé qui renchérissent les coûts à long terme de tout investissement public.

Stopper la marche de cet État sécuritaire qui se substitue aux politiques sociales devrait être l'un des objectifs principaux d'une alternance gouvernementale à gauche. Cela reviendrait aussi à déloger le capitalisme financier de sa place dans le pouvoir de la punition (prisons privées, fichage, vidéosurveillance, etc.). Au rythme du développement du marché pénal, il faudra bientôt envisager des nationalisations de la sécurité pour rendre ses compétences régaliennes à la République... celle de 1793[4].

1. « Vers une criminologie d'État en France ? Institutions, acteurs et doctrines d'une nouvelle science policière » de Laurent Mucchielli, De Boeck Université, *Politix* 2010/1 – n° 89 p. 195 à 214. http://jeanchristophegrellety.typepad.com/files/pox_089_0195.pdf.
2. Voir à ce sujet l'article « Stupéfiants : les véritables zones de non-droit » sur http://blogs.mediapart.fr/blog/gilles-sainati/040711/stupefiants-les-veritables-zones-de-non-droit.
3. http://www.gip-recherche-justice.fr/catalogue/PDF/syntheses/38-communitypolicing.pdf
4. Ces propositions peuvent être complétées par bon nombre de celles faites par Amnesty international dans son rapport intitulé « Des policiers au-dessus des lois » : http://www.amnestyinternational.be/doc/IMG/pdf/Rapport_France.pdf

Prisons et détention

Antoine Comte

> *L'amende est bourgeoise et petite bourgeoise, l'emprisonnement avec sursis est populaire, l'emprisonnement ferme est sous-prolétarien*[1].

Il est probable qu'aucune politique ne se trahisse autant par ses statistiques que la politique pénale – et l'une de ses conséquences majeures, la politique carcérale.

Tout est dans les chiffres, les soubresauts historiques, les séquences économiques, les angoisses sociales et bien évidemment la politique qui est un concentré de tout le reste.

Y a-t-il photographie plus réaliste d'une société que celle de sa population carcérale ? Y a-t-il meilleur indicateur de l'imaginaire social et de son rapport fantasmé à la délinquance que l'état de ses prisons ?

Ainsi, entre 1870 et 1875, la population pénale passe de 39 200 à 46 300 – et ne sont pas comptabilisés les établissements pénitentiaires faisant partie des territoires cédés à l'Allemagne en 1871. C'est évidemment la saignée de la Commune dans sa dimension purement carcérale qui rend alors compte de cette tragique progression[2].

De la même manière, entre 1951 et 1978, la population pénale reste stable – malgré des pics liés à la guerre d'Algérie – passant de 33 700 à 32 200 alors que la population globale augmente de manière significative : il faut probablement lire dans ces statistiques un des nombreux effets de la parenthèse enchantée des « Trente Glorieuses » puisqu'à partir de cette date, précisément, se manifestent les signes avant-coureurs de l'inflation carcérale[3].

Au 1er avril 2011, en effet, 63 300 personnes sont détenues en France, soit un doublement par rapport à 1978, sans qu'évidemment la population globale ait progressé dans la même proportion[4].

Ce mouvement n'est d'ailleurs pas propre à la France puisque à peu près toute l'Europe va connaître une inflation carcérale : très forte aux Pays-Bas, en Angleterre, en Espagne et au Portugal, moins forte en France, en Grèce et en Belgique, et au contraire inexistante en Allemagne, en Autriche et en Turquie[5].

Que signalent ces statistiques ? Plusieurs études datant de la décennie 2000 donnent à voir une population carcérale où jeunes, ouvriers, artisans et commerçants sont surreprésentés par rapport à leur proportion dans la population nationale. Les agriculteurs, les professions intermédiaires et les cadres supérieurs sont en revanche sous-représentés.

Dans son étude sur l'origine sociale des détenus en 2003, l'Observatoire des inégalités notait qu'un quart des détenus avait quitté l'école avant d'avoir seize ans, et trois quarts avant d'avoir dix-huit ans. La même année, une autre étude faisait état du fait que 11 % de personnes détenues se déclaraient illettrées.

D'autre part, l'INSEE, dans une étude sur l'histoire familiale des hommes détenus en 2000, avait relevé que les professions des parents confirmaient la surreprésentation des milieux populaires : 47 % des pères de détenus sont ouvriers, 16 % sont artisans ou commerçants. Les mères sont ouvrières ou employées, mais plus de la moitié (54 %) sont inactives.

Sur le plan des origines, deux points ont été relevés par l'INSEE. Les hommes nés à l'étranger sont deux fois plus nombreux en prison que dans l'ensemble de la population, 24 % d'un côté et 13 % de l'autre. Mais ces éléments chiffrés doivent être nuancés dans la mesure où le séjour irrégulier est, en France, un motif d'incarcération. Par contre, près de 4 détenus sur 10 ont un père né à l'étranger ou dans une ancienne colonie.

La population carcérale est donc jeune – près de la moitié des détenus ont moins de trente ans –, issue des milieux les plus défavorisés et, dans 4 occurrences sur 10, ayant un père né à l'étranger. Il y a là la somme des questions sociales non résolues : une jeunesse laissée-pour-compte dans les milieux défavorisés, l'incapacité à éviter la discrimination des jeunes Français dont les parents ont été des immigrés et des classes sociales sommées d'abandonner leur appartenance originelle, puisque le tissu industriel et manufacturier a été méthodiquement détricoté, mais sans aucune perspective alternative. Enfin, ce que ces statistiques permettent surtout d'interroger, ce sont bien les politiques pénales qui, en amont, sont pourvoyeuses des prisons.

On sait que la population pénitentiaire s'accroît en période de chômage, d'emploi précaire et de restructuration forcée du marché du travail, mais cela ne suffit pas à rendre compte de l'inflation carcérale observée notamment en France. Plusieurs hypothèses ont été avancées ces dernières années par des études de sociologie carcérale. G. Chantraine les résume ainsi :

> On assiste en effet conjointement à des changements économiques importants et à une recomposition de la répression pénale (Godefroy, 1996). Ainsi Mélossi (1995) montre comment les élites développeraient un discours associant menace de la sécurité et nécessité d'une répression plus

ferme. Les politiques et pratiques pénales seraient l'un des moyens de faire passer un message de moindre tolérance, d'accroître la discipline, d'exiger une performance accrue des populations se présentant sur le marché du travail et, finalement, de faire accepter les nouvelles relations sociales. Les profondes mutations du marché du travail et leurs conséquences, chômage, suicide, un sentiment d'insécurité ou de vulnérabilité sociale, l'absence de réponse à cette peur sourde, qui est perçue comme telle, rend possible un déplacement vers une insécurité plus ciblée mettant en cause la délinquance. Un glissement s'opère ainsi de l'insécurité sociale – liée aux mutations de comportements – vers la punitivité. Les professionnels de la justice, magistrats et policiers, peuvent répondre à ces attentes par des pratiques de répression plus sévères (Godefroy, 1996)[6].

Ainsi une recomposition de la répression pénale accompagne-t-elle les mutations économiques ; et un nouveau discours émerge, corrélant menaces sur la sécurité et répression plus forte. Plus subtilement, la peur face à l'insécurité sociale et économique est détournée vers la délinquance, ce qui encourage une plus grande punitivité. De fait, ces hypothèses apparaissent particulièrement pertinentes lorsqu'on les rapproche d'une série d'évolutions législatives du droit pénal et de la procédure pénale.

Au lendemain du premier choc pétrolier de 1973, la droite au pouvoir a commencé à explorer de nouvelles voies répressives dans ses « réponses à la violence » (1977), qui ont abouti à la loi Peyrefitte de 1980. À l'époque, non seulement toute la jeunesse s'insurgeait contre une société rétrograde mais, de surcroît, de grandes grèves et manifestations ouvrières traduisaient la colère du monde du travail face à la destruction des grands bastions industriels, comme la sidérurgie. Si la loi Peyrefitte a été abrogée avec l'arrivée de la gauche au pouvoir, aucune de ses techniques procédurales et de ses leçons répressives n'a vraiment été oubliée. Elles s'articulaient autour de l'idée centrale qu'il fallait simplifier le système répressif pour qu'il soit plus efficace[7]. De nombreux crimes sont amenés à devenir des infractions correctionnelles afin d'éviter la lourdeur des cours d'assises ; en contrepartie, les peines sont relevées au-delà de cinq ans d'emprisonnement, seuil traditionnel des peines correctionnelles. De la même manière, des procédures rapides – de type flagrant délit – étendent leur champ s'application et englobent de plus en plus d'infractions.

Ces leçons ne seront pas perdues et, sans entrer dans le détail, force est de constater que le code pénal de 1994 procède de la même logique en « correctionnalisant » de nombreuses infractions, y compris celles qui protégeaient les citoyens – l'attentat aux libertés cesse d'être criminel, par exemple. D'autre part, toute une série de lois de procédure développe la prévalence des procédures rapides et expéditives, souvent confiées à des juges uniques. À cela s'ajoutent toutes les procédures d'exception qui deviennent le socle du droit pénal français et qui permettent le prononcé de lourdes peines en matière correctionnelle et de plus lourdes encore devant les cours d'assises composées des seuls magistrats professionnels.

Les statistiques fournissent également un indicateur incontestable de l'augmentation de la durée des peines :

> Différentes études réalisées permettent de montrer que les longues peines, définies par le Conseil de l'Europe comme étant les peines privatives de liberté d'une durée de cinq ans et plus, constituent

> le socle pérenne de la croissance de la population carcérale depuis trente ans en France... La population des condamnés à une longue peine a quadruplé en vingt ans. La durée moyenne de détention est ainsi passée de 4,6 mois en 1980 à 8,2 mois en 2007... 13 000 personnes purgent en 2005 une peine supérieure ou égale à cinq ans contre 3000 en 1975[8].

L'étude précitée sur la sociologie carcérale parvient aux mêmes conclusions:

> Les récentes recherches montrent l'influence de facteurs décisifs sur l'inflation carcérale. D'abord l'influence de nouvelles tendances visibles tant au niveau législatif qu'au niveau des poursuites et des condamnations [...] Ces évolutions dans leur ensemble traduisent des évolutions pénales de bifurcation, en renforçant les peines pour certaines catégories d'infraction, à savoir les crimes sexuels et les infractions de violence, celles concernant les stupéfiants ou encore lorsqu'elles sont accompagnées de récidive[9].

Enfin, la dernière indication donnée par les statistiques ne manque pas d'intérêt puisqu'elle démontre que certaines réformes pénales, soi-disant motivées par un objectif précis, sont souvent purement idéologiques, et en tout cas dépourvues de fondement scientifique. Tel est le cas des multiples réformes affectant la récidive.

Il semble bien que l'on puisse soutenir que la sévère politique pénale pratiquée depuis plusieurs décennies – qui va de pair avec une plus grande sévérité dans l'aménagement de la peine – aboutit à une augmentation de la récidive.

> Les éléments analysés permettent de souligner que la politique pénale mise en œuvre depuis plusieurs années en France est paradoxale, dans la mesure où elle permet la satisfaction de la demande publique eu égard à la sévérité des mesures neutralisantes, mais elle engendre des effets négatifs qui sont décryptés par l'étude : allongement de la durée des peines prononcées et par conséquent allongement de la durée d'incarcération : baisse des aménagements de peine et augmentation du risque de récidive[10].

En effet, il ressort d'une série d'études, notamment celle effectuée par Annie Kensey[11], que l'aménagement de la peine, qui a l'avantage de préparer le condamné à sa sortie, est délaissé au profit d'un système à courte vue qui consiste à faire jouer les réductions de peines et éventuellement les grâces présidentielles et les amnisties, de façon à faire baisser provisoirement l'inflation carcérale. Or, il existe une relation étroite entre le mode de libération et le taux de récidive. Diverses études démontrent que les pourcentages de récidive ne sont pas du tout les mêmes : 23 % de retour en prison pour les libérés conditionnels contre 40 % pour les sorties sèches. En somme, la gestion des flux des prisons est faite de telle sorte qu'elle favorise la récidive.

À cela, il faut ajouter l'absence de démarche scientifique puisque, depuis quelques années, la récidive des criminels sexuels a été largement utilisée pour renforcer la sévérité des différentes lois sur la récidive, alors qu'il est acquis que le taux de récidive des auteurs de crimes, et tout particulièrement des auteurs de crimes sexuels, est l'un des plus faibles.

Décidément, les statistiques sont sévères pour la société qu'elles décryptent puisque, à leur manière, elles rappellent que les faits sociaux sont têtus et que les politiques pénales sont dictées par l'évitement des questions sociales à résoudre.

Comme pour la garde à vue, la question des prisons en France a été profondément secouée par son désenclavement. Le système européen, avec tous ses défauts bureaucratiques, tend à une incontestable harmonisation des législations et pratiques, laquelle, dans ce domaine, apporte encore des avancées. En effet, depuis 1991, le Comité européen pour la prévention de la torture et des peines ou traitements inhumains ou dégradants (CPT) s'est rendu à plusieurs reprises en France pour visiter des lieux de détention et de rétention, conformément aux dispositions de la Convention européenne pour la prévention de la torture. C'est dès lors un regard extérieur, non français, qui est porté sur la face plutôt sombre de la société, par des personnes qui n'ont aucun lien avec l'appareil d'État français. Et ce regard est glaçant.

Dans son rapport de fin 2006, toute une série de petites observations racontent par le menu la réalité des centres de détention et de rétention et les pratiques des gardiens de l'ordre. Ainsi, dans un centre hospitalier d'une grande centrale, les détenus qui y étaient soignés étaient en permanence attachés à leur lit, le plus souvent avec des entraves aux chevilles et une main menottée. Et ces entraves étaient portées aux toilettes comme à la douche.

Pour autre exemple, dans des affaires relevant de la législation antiterroriste, de nombreuses personnes s'étaient plaintes d'avoir la tête recouverte d'un vêtement ou d'une cagoule, à certains moments de leur détention, par les forces de l'ordre.

> Pour le CPT il est évident [...] que, s'il n'y a pas de mauvais traitements physiques [...], le fait de

> bander les yeux à un détenu, et en particulier à un détenu en train d'être interrogé, est une forme d'oppression dont les effets s'apparenteront fréquemment à un mauvais traitement psychologique.

S'agissant de l'Hôtel-Dieu à Paris où passent nombre de gardés à vue, le CPT rapporte :

> Selon le chef de service de l'UMJ de l'Hôtel-Dieu à Paris, environ 5 % des gardés à vue formulent des allégations de mauvais traitement, souvent relatives à un menottage trop serré, à l'encontre des membres des forces de l'ordre.

Dans un autre registre, l'Inspection générale de la police nationale a fourni au CPT des éléments d'information intéressants. Ainsi, dans le cadre des allégations de violence formulées à l'encontre des membres des forces de l'ordre, il y a une propension des fonctionnaires à utiliser « parfois de manière trop systématique les procédures d'outrage et de rébellion ».

Le CPT s'intéresse également aux dossiers de la Commission nationale de déontologie et de la sécurité – supprimée depuis – qui concernent des cas de fouilles à corps non justifiées, des cas de menottage de plus en plus systématiques et qui plus est très serrés, ainsi que les règles d'utilisation du Taser, le pistolet à impulsions électriques, règles qui sont d'ailleurs considérées par le CPT comme discutables et justifiant un suivi plus exigeant.

S'agissant des locaux de détention, si certains étaient globalement satisfaisants, notamment à Paris et au ministère de l'Intérieur, d'autres étaient plus discutables, notamment à l'aéroport de Roissy-Charles de Gaulle – et d'autres enfin laissaient à désirer, notamment à l'hôtel de police de Toulouse où l'hygiène était déplorable. Le Centre de rétention administrative de Vincennes – dont la presse a beaucoup parlé lorsqu'il a été incendié – était considéré comme le lieu le plus déplorable de tous ceux visités par le CPT.

Si le rapport de 2006 est particulièrement intéressant sur la manière dont les gardés à vue et les retenus administratifs sont traités, ce sont les rapports antérieurs du CPT qui ont permis une prise de conscience sur les prisons françaises. Les députés s'en sont emparé pour établir leur rapport en 2000, consécutif aux travaux de la commission d'enquête sur la situation dans les prisons françaises. Ainsi, dès 1993, le CPT avait qualifié de traitements inhumains et dégradants les conditions déplorables de la maison d'arrêt des Baumettes à Marseille et de la Santé à Paris (rapport de 1996).

Surpopulation, conditions déplorables d'hygiène, telles sont les causes – avec la réponse répressive aux problèmes sociaux analysée plus haut – d'une dérive inquiétante vers le non-droit et l'arbitraire.

Il est vrai qu'en 2000, comme le notait le rapport parlementaire, sur 180 établissements pénitentiaires, 108 avaient été construits avant 1912. Ce qui en dit long sur l'intérêt porté par la société à ses prisons[12]...

Quoi qu'il en soit, on peut porter à l'actif des députés d'avoir établi la feuille de route des réformes nécessaires pour que le système carcéral français soit conforme à une certaine idée de l'état de la démocratie. On en retiendra quelques idées fortes : celle de faire de la réinsertion une priorité, celle de maîtriser les flux d'incarcération, d'améliorer la vie en détention, d'établir un contrôle externe par la création d'une autorité indépendante, d'introduire du droit dans la discipline et de limiter strictement l'isolement ; de développer la santé, le travail, la formation et, d'une manière générale, d'assurer le maintien des liens avec l'extérieur.

Plusieurs lois sont issues de ces réflexions – dont la dernière date du 24 novembre 2009 – qui, incontestablement, établissent un nouveau droit pénitentiaire adossé au droit européen. L'intégrité des détenus, leur dignité, y sont proclamées et effectivement protégées, de sorte que, par exemple, les fouilles sont interdites sauf dans des cas précis et spécialement motivés. La surveillance électronique est utilisée comme une alternative à la détention, donnant ainsi de l'effectivité à la présomption d'innocence. Quant à Jean-Paul Céré, il laisse même entendre, dans son étude très complète, qu'un certain droit à l'expression pourrait émerger de cette loi, en conformité d'ailleurs avec les règles pénitentiaires européennes[13].

Deux questions restent encore délicates et grosses d'arbitraire : celle du droit disciplinaire et surtout celle de l'isolement.

Les garanties autour du droit disciplinaire continuent de progresser – ainsi l'assistance d'un avocat est acquise – mais la procédure elle-même risque de la rendre vaine puisque le délai de comparution devant la Commission de discipline est au minimum de trois heures.

Mais le plus grave reste l'isolement, dont nous savons que la pratique peut être profondément destructrice. Tous les praticiens connaissent des détenus classés DPS[14] qui ont passé des années à l'isolement, transférés à intervalles réguliers, et pour lesquels l'avis médical, pourtant obligatoire, n'a pas permis de remettre en cause cette mesure particulièrement inhumaine. C'est d'ailleurs la raison pour laquelle, au mois de juillet 2009, la France a été condamnée par la Cour européenne pour traitements inhumains et dégradants au sens de l'article 3 de la Convention européenne, puisque le requérant classé DPS avait fait l'objet de transferts continuels d'un établissement à un autre et avait été placé en régime d'isolement de longue durée. Il est vrai que cette décision de la Cour européenne sanctionne des faits de 2001. Mais il n'en reste pas moins qu'elle pose une vraie question, celle de l'effectivité des textes qui concernent la prison.

On relèvera tout d'abord qu'en 2001 – à l'époque des faits par conséquent – la mise à l'isolement était strictement encadrée: elle ne pouvait être prolongée au-delà de trois mois sans avis médical, et au-delà d'un an sans une décision du ministre de la Justice après avis médical et avis de la Commission de l'application des peines, le tout articulé dans un rapport motivé (ancien article 283-1 du code de procédure pénale).

Dans une affaire « B. contre Ministère Public », un jeune homme de 21 ans, placé en détention au mois d'avril 2001 à la suite de sa mise en examen pour divers vols à main armée, a été mis à l'isolement, fin octobre de la même année, en raison de présomptions de préparatifs d'évasion. Cette mesure sera renouvelée pendant *plus de quatre ans*, et il faudra un arrêt de la Cour de cassation pour qu'il soit libéré en novembre 2005. Entre-temps, il aura connu plusieurs dizaines de transferts, sans jamais pouvoir avoir un minimum d'activité sociale, sans parler de formation ou d'enseignement.

Pourtant la circulaire du ministère de la Justice de 1998 sur le placement à l'isolement spécifiait:

> Une mesure d'isolement n'a pas vocation à durer indéfiniment, étant justifiée par des éléments de fait et de droit qui peuvent évoluer ou disparaître. Les

effets néfastes d'un isolement prolongé imposent un contrôle vigilant de la durée de la mesure par le chef d'établissement et le directeur régional[15].

En fait, il semble bien que les normes les mieux intentionnées n'arrivent pas à pénétrer dans l'univers clos de la prison, parce que des pratiques vieilles de plusieurs décennies, affinées avec le temps, réussissent à entraver le changement, dans la mesure où des politiques sécuritaires répétitives les y ont ancrées en profondeur.

La réalité, c'est que l'univers carcéral est pris dans un entrelacs de contradictions : une politique sécuritaire – très sévère à droite et légèrement moins à gauche – alimente la prison bien au-delà de ses capacités tant en matière de place qu'en termes de personnels, tandis que les engagements internationaux de la France l'obligent à se soumettre, textuellement, aux normes européennes, qui contredisent cette politique.

Pour sortir de cette contradiction, qui rend toute politique pénitentiaire otage de l'idéologie et des réactions émotionnelles aux faits divers, il faut établir des règles qui ne puissent plus varier en fonction des contingences politiques.

Cela signifie inscrire dans la Constitution des principes inaltérables. Ainsi les Grecs ont inclus dans leur texte constitutionnel la limitation à deux ans de toute détention provisoire. Ainsi posé, ce principe ne peut connaître aucun dévoiement.

C'est tout le contraire de ce qui se passe en France où la loi a limité, par exemple, à quatre ans la détention provisoire en matière criminelle mais a permis à la cour d'appel (la chambre de l'instruction) d'allonger encore cette détention lorsque la juridiction de jugement n'est pas en l'état de siéger[16].

Le *numerus clausus* est une autre solution. Il consiste à évaluer le nombre de places disponibles dans les établissements pénitentiaires français, conformes à des normes européennes de salubrité des lieux et de dignité des détenus et des personnels pénitentiaires, et de refuser d'incarcérer soit provisoirement, soit pour condamnation, des personnes tant que ne sont pas disponibles des places en prison, répondant à ces critères.

Il est curieux de constater que dans le rapport parlementaire de 2000, les députés étaient parfaitement convaincus de la pertinence d'un *numerus clausus*. Pourtant, de nombreuses lois pénales et pénitentiaires plus tard, ce principe n'est toujours pas consacré, et les conditions de détention avec la surpopulation carcérale sont à ce point détériorées que les suicides en prison se multiplient.

Encore une fois, il faut inscrire dans le marbre le principe du *numerus clausus,* par une loi dont les règles ne pourront être détournées.

D'une manière générale, toutes les propositions qui suivent doivent être sanctionnées, en cas d'inobservation, par la mise en liberté immédiate. C'est finalement le seul moyen de faire appliquer des textes un tant soit peu novateurs, qui vont à l'encontre du conservatisme judiciaire et de l'obsession sécuritaire.

Il faut donc, comme indiqué plus haut, limiter par voie constitutionnelle la détention provisoire comme les Grecs l'ont fait : deux ans maximum en cas de crime, et bien évidemment un temps moindre en cas de délit[17].

Le référé-détention, qui permet au parquet d'empêcher la mise en liberté d'une personne par un juge d'instruction, doit être aboli. On n'a pas assez souligné qu'il revenait sur une disposition importante des premières lois Badinter, qui rendait effective toute mise en liberté malgré un appel du parquet.

Le statut du juge des libertés et de la détention (JLD) doit s'aligner sur celui des autres magistrats. Il doit être indépendant et inamovible et les immenses pouvoirs qui lui sont donnés, non seulement s'agissant de la détention mais également concernant des investigations particulièrement intrusives, doivent relever d'une collégialité offrant toutes garanties d'indépendance. Il est particulièrement inquiétant de constater que ces pouvoirs très étendus ont été confiés à un juge dépendant entièrement du président du tribunal, qui peut révoquer son mandat à tout moment et sans motif, en contradiction flagrante avec les principes d'un État de droit.

Depuis plusieurs décennies, différentes lois avaient établi des peines alternatives à la détention, mais avec le temps et les nouvelles lois de procédure, ces peines n'offrent plus d'alternative et souvent se cumulent avec des peines de prison avec sursis. Pour revenir réellement au principe de mesures alternatives à la détention, le juge des libertés ou la collégialité des JLD devront proposer des alternatives à l'incarcération et démontrer en quoi elles ne sont pas appropriées avant de faire le choix de la détention provisoire.

Laquelle devra être réévaluée à intervalles réguliers.

La même obligation doit peser sur les juridictions de jugement qui devront proposer des alternatives à l'incarcération, sinon justifier en quoi elles ne sont pas appropriées avant toute mesure d'emprisonnement. Mais celle-ci devra être impérativement individuelle – ainsi que de nombreuses lois l'ont régulièrement proclamé – à défaut de quoi elle ne serait pas possible.

En outre, toute incarcération devrait être résolument écartée dès lors que la peine prononcée serait inférieure à un certain seuil. Cela indique, de toute manière, la nécessité d'un toilettage complet du Code pénal et celle de la dépénalisation d'un certain nombre d'infractions, notamment celles relatives au séjour des étrangers en France.

Enfin, et parce qu'il faut résumer d'un mot toute la problématique de la prison et de la détention, la Justice doit rappeler concrètement que même une personne condamnée, et *a fortiori* une personne soupçonnée, reste un citoyen qui reprendra sa place dans la société à l'issue de l'épisode judiciaire. C'est dire qu'elle a droit à la santé, à l'enseignement, à la formation et aux droits civiques et politiques dont l'interdiction par les juridictions doit être résolument abrogée.

On ne peut pas refuser une société structurellement injuste et en accepter la photographie hideuse que nous renvoient ses prisons et son système de détention.

1. B. Aubusson de Cavarlay, «Hommes, peines et infractions: la légalité de l'inégalité», in *L'Année sociologique*, 1985, 35, p. 275-309.
2. M.D. Barré, «130 années de statistique pénitentiaire en France», in *Déviance et société*, 1986, vol. 10, n° 2, p. 107-128.
3. *Ibidem.*
4. In *Le Monde*, «Un parquet omnipotent et sans contre-pouvoir serait dangereux», 19 janvier 2010.
5. J. Alvarez, «Prison et récidive – chronique de recherche sur les apports de la socio-démographie pénale au débat sur l'inflation carcérale et la récidive», in *RSC* juillet-septembre 2008, p. 667.
6. G. Chantraine, «La Sociologie carcérale: approches et débats théoriques en France», *in* Déviance et société, 2000, vol. 24, n° 3, p. 297-318.
7. Recommandation 37 sur la délinquance astucieuse du rapport «Réponses à la violence» (1977): accroître les risques encourus par les délinquants: répression plus rapide, adaptation des peines, augmentation des probabilités de condamnation.
8. J. Alvarez, «Prison et récidive», art. cit.
9. G. Chantraine, «Sociologie carcérale», art. cit.
10. J. Alvarez, «Prison et récidive», art. cit.
11. À. Kensey, *Prison et récidive – Des peines de plus en plus longues: la société est-elle vraiment mieux protégée?,* Armand Colin, Paris, 2007.
12. Rapport de la commission d'enquête sur la situation des prisons françaises, Paris, A.N. juin 2000.
13. J.-P. céré, «Le nouveau droit pénitentiaire et le respect du droit européen. Esquisse de comparaison», in *AJ pénal 2009*, p. 476.
14. Détenus particulièrement signalés.
15. Article 3 de la circulaire JUSE9840065C du 14 décembre 1998 de la direction de l'administration pénitentiaire sur le placement à l'isolement.
16. Du coup la Cour européenne condamne systématiquement la France pour dépassement du délai raisonnable et alloue des réparations financières… que les contribuables payent.
17. Il est intéressant de relever que la Grèce n'est pas le seul pays à avoir inclus dans sa Constitution des dispositions relatives à la liberté des citoyens: s'agissant par exemple de la durée de la garde à vue, l'Allemagne, la Belgique, l'Espagne et l'Italie l'ont rangée parmi les droits constitutionnels.

Réformer le parquet, instrument judiciaire de l'arbitraire gouvernemental

Matthieu Bonduelle[1]

À première vue, le sujet est parfait pour un débat d'experts : faut-il réviser le statut et les prérogatives du parquet en France ? De fait, on ne compte plus les colloques ni les articles plus ou moins savants sur ce thème, devenu central dans le monde judiciaire. En revanche, la question peine à s'imposer plus largement, à devenir un véritable « enjeu de société ». L'important, ici, n'est pas tant d'essayer d'expliquer cette relative distorsion que de contribuer à y remédier, car le problème posé est effectivement crucial. On notera seulement – en guise d'indice – que le pouvoir actuel, si prompt à prendre publiquement pour cible l'institution judiciaire, semble pleinement satisfait de l'action des procureurs.

Une première description s'impose. Si l'on s'en tient à ses fonctions traditionnelles, le parquet – également appelé « ministère public » – est l'organe chargé des poursuites pénales. Il décide qui est poursuivi et comment (sous quelle qualification juridique et par quelle voie, plus ou moins rapide et plus ou moins génératrice de répression). Il supervise environ 96 % des enquêtes pénales (« préliminaires » ou « de flagrance »). Au cours de l'enquête, il contrôle ou autorise les mesures coercitives (cf. *infra*). Enfin, c'est lui qui décide de classer l'affaire ou d'y donner suite. Il peut aussi ouvrir une information judiciaire, c'est-à-dire confier l'enquête à un juge d'instruction ; il doit le faire si l'infraction visée est un crime. En cas de procès, c'est lui qui «requiert» à l'audience la condamnation (plus rarement la relaxe ou l'acquittement) du prévenu (pour une contravention ou un délit) ou de l'accusé (pour un crime). Il peut faire appel de la décision rendue par la juridiction de jugement.

On le perçoit d'emblée: le parquet joue un rôle déterminant dans le fonctionnement de la justice pénale, *a priori* clairement distinct de celui du juge. Ses pouvoirs, on le verra, n'ont cessé de croître au cours des dix dernières années.

Les membres du parquet – dénommés selon leur niveau hiérarchique substituts du procureur, procureurs de la République, avocats généraux, procureurs généraux... – sont des magistrats. On devient donc procureur – au sens large – comme on devient juge (magistrat «du siège»). Au cours de sa carrière, un magistrat peut passer du parquet au siège et *vice versa*. À la différence du siège, le parquet est fortement hiérarchisé et dépend en dernière instance du garde des Sceaux, qui donne des instructions aux procureurs généraux et contrôle la carrière de l'ensemble des parquetiers.

Schématiquement, la position du parquet pose ainsi deux questions fondamentales: celle de ses liens avec le pouvoir exécutif – alors qu'il fait partie de l'autorité judiciaire – et celle de l'étendue des pouvoirs dont il dispose – alors qu'il est une partie au procès pénal (celle qui poursuit). Ces deux difficultés (*indépendance* et *impartialité*) et leurs enjeux (*égalité* et *liberté*) ont été particulièrement mis en lumière au cours du quinquennat finissant.

Le 7 janvier 2009, Nicolas Sarkozy a en effet annoncé son intention de supprimer le juge d'instruction et ainsi de confier la direction de toutes les enquêtes au procureur, sans évoquer une modification de son statut.

Dans un rapport rendu public quelques mois plus tard, un « comité de réflexion sur la justice pénale » – dit « comité Léger », composé sur mesure par l'exécutif – a pathétiquement tenté de valider cette option.

Cet aréopage complaisant s'est ainsi prononcé « contre une rupture du lien existant entre le parquet et le pouvoir exécutif ». La justification avancée était classiquement centralisatrice : « Il n'est en effet pas envisageable que le pouvoir exécutif, qui tire sa légitimité du processus démocratique, ne puisse pas définir la politique pénale et la faire appliquer harmonieusement sur l'ensemble du territoire de la République ».

Cette réponse très courte était soutenue par une présentation enchantée de l'action concrète du ministère public : à en croire ces experts officiels, les magistrats du parquet agiraient « selon le principe d'indépendance »...

Lors de son audition par la commission d'enquête parlementaire sur l'affaire dite « d'Outreau », le 16 mars 2006, le Syndicat de la magistrature avait exposé une tout autre perception :

> Ces dernières années, le parquet que nous vivons dans nos pratiques professionnelles quotidiennes, et que les textes nouveaux consacrent, est à la fois omniprésent et omnipuissant au pénal et totalement subordonné au pouvoir exécutif [...]. La suppression du juge d'instruction, seul magistrat de l'enquête en mesure actuellement de résister aux diverses pressions et, notamment, à celle de l'exécutif, serait particulièrement dommageable. Transférer les prérogatives du juge d'instruction à un parquet dépendant, ce serait donner au ministre de la Justice la possibilité de neutraliser définitivement les investigations sur les dossiers gênants[2].

Ce constat a été au cœur de la mobilisation historique des professionnels de la justice qui s'est structurée fin 2009 et qui s'est intensifiée lorsque Michèle Alliot-Marie a rendu public en mars 2010 un « avant-projet du futur Code de procédure pénale » consacrant la prise de contrôle de l'exécutif sur l'ensemble du processus pénal. Il est permis de penser que ce mouvement a compté dans l'abandon provisoire de cette réforme par le chef de l'État : l'idée s'était imposée qu'il entendait ainsi faciliter l'enterrement de certaines affaires, ce qui n'est jamais très porteur électoralement.

Reste que le parquet continue à traiter l'écrasante majorité des enquêtes et que la suppression du juge d'instruction apparaît quasi certaine en cas de réélection de Nicolas Sarkozy (il l'a décrétée, le texte est écrit).

Le débat a été réactivé en novembre 2010 par deux (nouvelles) alertes européennes.

D'une part, le 17 novembre, le Conseil consultatif de juges européens, organe du Conseil de l'Europe, a en effet adopté une « *Magna Carta* des juges » – soit une charte des principes fondamentaux qui doivent s'appliquer à tous les systèmes judiciaires européens – dans laquelle il est notamment proclamé que « le statut d'indépendance des procureurs constitue une exigence fondamentale de l'État de droit ».

D'autre part, le 23 novembre, dans un arrêt « France Moulin c. France », la Cour européenne des droits de l'homme a quant à elle confirmé de manière éclatante sa célèbre jurisprudence « Medvedyev » – contestée puis minimisée par l'État français – jugeant en substance que notre ministère public ne peut être en charge du contrôle de mesures privatives de liberté à la fois parce qu'il est soumis au pouvoir exécutif et parce qu'il exerce les poursuites.

Enfin, le 15 décembre suivant, cette position a été adoptée par la chambre criminelle de la Cour de cassation ; la Conférence nationale des procureurs de la République a immédiatement réclamé une « réforme urgente » qui efface enfin « l'image d'un parquet dépendant du pouvoir politique[3] ».

Si les procureurs déplorent eux-mêmes leur manque d'indépendance objective, c'est bien qu'il est urgent d'agir ! Avant de voir comment, encore faut-il savoir exactement pourquoi, ou comment la réforme du parquet est effectivement devenue incontournable.

Une distorsion croissante entre un statut faible et des pouvoirs en expansion

La situation du ministère public français relève du paradoxe : à un accroissement tendanciel de ses prérogatives correspond une inféodation croissante, qui résulte de l'évolution du droit et des pratiques.

Une telle configuration soulève deux problèmes démocratiques majeurs, empiriquement vérifiés : le traitement par le parquet des affaires dites « sensibles » et le rôle dévolu au ministère public en matière de protection des libertés.

L'accroissement des pouvoirs du parquet

Un pouvoir d'atteinte aux libertés publiques en constante progression.

Le magistrat du parquet est le premier du processus pénal à contrôler les mesures attentatoires aux libertés et à pouvoir en faire cesser les effets en cas d'irrégularité, notamment en matière de gardes à vue, contrôles d'identité, perquisitions.

Il autorise les mesures coercitives pendant l'enquête : la prolongation de la garde à vue, l'autorisation des interpellations « en préliminaire » et les contrôles d'identité « sur réquisition ».

Depuis plusieurs années, les lois modifiant la procédure pénale ont accru ces pouvoirs.

Ainsi, l'autorisation prévue par l'article 78 du code de procédure pénale – qui permet l'interpellation d'un suspect en cours d'enquête préliminaire – ne pouvait auparavant être délivrée qu'à l'encontre de personnes n'ayant pas déféré à leur convocation ; elle peut désormais viser des personnes « dont on peut craindre qu'elles ne répondent pas à une telle convocation. » Ce critère éminemment subjectif laisse une grande marge de manœuvre. En outre, le procureur s'est vu confier le pouvoir de délivrer un mandat de recherche contre toute personne soupçonnée d'un délit puni de plus de trois ans d'emprisonnement. Ce mandat, diffusé au fichier des personnes recherchées, confère à tous les services de police ou de gendarmerie le pouvoir d'interpeller et de placer en garde à vue la personne recherchée, y compris dans le cadre d'une enquête préliminaire.

Par ailleurs, en matière de « criminalité organisée », le magistrat du parquet peut désormais demander au juge des libertés et de la détention (JLD) d'autoriser des écoutes téléphoniques, dont le juge d'instruction avait auparavant le monopole. Il peut de même saisir le JLD afin d'autoriser les enquêteurs à effectuer des perquisitions de nuit pour des infractions dont la liste s'est étendue au fil du temps.

S'agissant de la détention provisoire, ses pouvoirs se sont considérablement renforcés, puisqu'il peut saisir directement le JLD en vue de l'incarcération de la personne mise en examen lorsque le juge d'instruction a décidé de la laisser en liberté ; il peut aussi, lorsqu'une personne détenue provisoirement est libérée par le juge d'instruction, décider d'un référé-détention qui a pour effet de maintenir la personne en prison jusqu'à ce que son appel soit examiné par la cour.

Ainsi, les récentes réformes de la procédure pénale aboutissent, d'une part, à confier au parquet, sous le contrôle (plus formel que réel) du JLD, des pouvoirs autrefois dévolus au juge d'instruction et, d'autre part, à permettre des atteintes à la liberté auparavant impossibles.

L'émergence d'un pouvoir quasi juridictionnel. Depuis une dizaine d'années, les procédures dites « alternatives » ont pris une place numériquement supérieure à la voie traditionnelle de poursuite devant le tribunal correctionnel ou de police : ces alternatives comptent *l'ordonnance pénale* – décision non motivée d'un juge rendue sans débat préalable –, la *composition pénale* – qui permet au procureur de faire valider par un juge la peine de son choix, le plus souvent une amende, en évitant l'audience – et plus récemment, *la comparution sur reconnaissance préalable de culpabilité* (CRPC ou « plaider coupable »).

Depuis l'entrée en vigueur de la CRPC, des peines allant jusqu'à un an d'emprisonnement peuvent être « négociées » entre le procureur et la personne poursuivie, obligatoirement assistée d'un avocat, pour des délits punis d'une peine d'amende ou d'une peine d'emprisonnement inférieure ou égale à cinq ans. La peine fixée par le procureur avec l'accord de la personne poursuivie est ensuite validée par un magistrat du siège. La possibilité d'élargir la CRPC à tous les délits voire aux crimes est régulièrement évoquée.

Ainsi la majorité des justiciables est-elle placée sous le contrôle du parquet du début jusqu'à la fin du processus pénal, et ne verra souvent pas le juge. Il en va ainsi en matière d'ordonnance pénale ou de composition pénale.

Bientôt, un pouvoir exclusif de direction de toutes les enquêtes ?

Il existe déjà un contrôle total du parquet sur *l'impulsion* des enquêtes lorsque les faits délictueux ne peuvent être révélés par la plainte d'une victime car alors, par hypothèse, personne ne peut saisir un juge d'instruction en déposant une *plainte avec constitution de partie civile* ni porter directement l'affaire devant le tribunal au moyen d'une *citation directe* en cas d'inaction du procureur. Par exemple, en cas d'irrégularités dénoncées par un commissaire aux comptes ou d'anomalies signalées par Tracfin[4], seul le procureur peut décider d'y donner suite, sans recours d'aucune sorte.

Dans le cadre des enquêtes menées par le parquet, l'avocat n'a aucun accès à la procédure. Celle-ci se trouve le plus souvent entre les mains du service de police ou de gendarmerie saisi, le parquet décidant des orientations de l'enquête et des poursuites à partir du rapport fait par les enquêteurs au téléphone. Bien sûr, le parquetier peut se faire transmettre la procédure pour la lire, mais la généralisation du « traitement en temps réel » tend à faire de cette possibilité une rareté, voire une anomalie risquant de freiner le traitement des flux...

La disparition du juge de la scène pénale risque d'être bientôt consacrée par la suppression du juge d'instruction et le contrôle par le parquet de la totalité des enquêtes, de la plus simple à la plus complexe.

Il faut admettre que cette évolution a déjà été largement anticipée par la mainmise croissante des parquets sur les affaires sensibles. Ainsi, le parquet de Paris semble décidé à ne plus saisir les juges d'instruction du « pôle financier » que de façon très exceptionnelle, officiellement pour éviter à l'enquête de perdre du temps, en réalité surtout afin d'éviter l'intervention d'un magistrat indépendant.

Plus généralement, on constate une baisse tendancielle des ouvertures d'informations judiciaires : le juge d'instruction était saisi de 20 % des affaires en 1960, 8 % en 1989, 4 % en 2010...

Or, cette évolution de fond ne s'est pas accompagnée d'un accroissement des garanties statutaires des magistrats du parquet.

En parallèle, l'absence toujours plus criante d'indépendance des magistrats du parquet.

Contrairement aux travaux d'une doctrine plus versée dans le commentaire positiviste des textes que dans le dévoilement des pratiques, il semble qu'une analyse pertinente d'une situation de dépendance ou d'indépendance donnée ne puisse faire l'économie d'un détour par l'éventail des pratiques, des représentations et des silences coupables de la loi.

S'agissant du parquet, cette analyse achève de convaincre : le mode de nomination des procureurs, l'absence de statut et de toute garantie pour leurs substituts, le non-respect des textes relatifs aux instructions émanant tant de la chancellerie que de la hiérarchie, jouent à plein pour inféoder le ministère public à l'exécutif et l'inciter à exercer ses attributions dans l'intérêt du gouvernement davantage que dans celui de la société.

Un mode de nomination des magistrats du parquet permettant la politisation des postes hiérarchiques et la soumission du reste du corps.

Contrairement à ce qui se passe pour les magistrats du siège, le Conseil supérieur de la magistrature (CSM) ne donne qu'un avis purement consultatif sur les propositions faites par la chancellerie concernant les nominations des parquetiers.

Certains gardes des Sceaux s'étaient engagés à ne pas passer outre les avis défavorables du CSM pour ces nominations ; depuis plusieurs années, ces avis sont régulièrement non suivis par la chancellerie. Concrètement, la possibilité pour l'exécutif de ne pas respecter l'avis négatif du CSM permet de faire nommer un candidat n'ayant pas forcément la plus grande ancienneté ou les compétences les plus adaptées au poste – critères « objectifs » utilisés par le CSM – au profit de critères beaucoup plus subjectifs, notamment politiques. Il n'existe donc aucune justification à ce « passer-outre », qui ne devrait plus pouvoir être mis en sommeil ou réactivé au gré du positionnement des ministres successifs.

Le CSM n'ayant qu'un avis à donner sur les nominations, et le pouvoir de proposition étant dévolu à la chancellerie, rien ne s'oppose à la constitution de *filières par affinité*. Du fait de la proximité des hiérarques avec l'exécutif, ils peuvent constituer leurs équipes en fonction de leurs relations, et faire accepter leurs choix à la chancellerie, qui pourra maintenir ceux-ci quels que soient les avis du CSM.

Ainsi, chaque magistrat du parquet est susceptible d'être redevable à son futur supérieur de l'avoir « recruté ».

Dans ce contexte, se pose aussi la question, qui n'est du reste pas l'apanage du parquet, de *l'évaluation* de chaque magistrat par son supérieur hiérarchique, sa notation constituant le dossier sur lequel s'appuiera le CSM pour juger de l'opportunité de le nommer à tel ou tel poste. Ainsi les procureurs généraux les plus influents ont-ils acquis un rôle de plus en plus important dans le choix des procureurs de la République.

L'évolution est indubitablement à la politisation croissante du corps des parquetiers : le pouvoir exécutif, à l'occasion de plusieurs affaires, n'a pas hésité à congédier plusieurs procureurs généraux.

Ce fut le cas, il y a quelques années, du procureur général de Toulouse, accusé de n'avoir pas suffisamment «rendu compte» du déroulement de l'affaire Patrice Alègre. Plus récemment, six procureurs généraux ont été «remerciés» par Rachida Dati. Ce fut ensuite le tour de Marc Robert, procureur général à Riom, nommé «dans l'intérêt du service» – mais en surnombre! – à la Cour de cassation, en raison de ses positions sur la réforme de la carte judiciaire et le projet de suppression du juge d'instruction. Cette mutation-sanction, sans doute un peu trop grossière, a été annulée par le Conseil d'État le 30 décembre 2010.

Les critères de nomination des procureurs et des procureurs généraux ne sont pas plus neutres. Il suffit de rappeler le cas de Stéphane Noël, ancien directeur adjoint de cabinet de Rachida Dati, nommé procureur général à Bourges malgré une carrière très brève, ou bien sûr celui de Philippe Courroye, nommé procureur à Nanterre contre l'avis du CSM, ou encore de Laurent Le Mesle, nommé procureur général à Paris après avoir été conseiller pour la justice de Jacques Chirac.

Plus récemment, la nomination de Jean-Claude Marin comme procureur général près la Cour de cassation ne doit sans doute rien au fait que l'intéressé a pris, comme procureur de Paris, un grand nombre de décisions en concordance parfaite avec les attentes du pouvoir politique dans des affaires lui tenant particulièrement à cœur[5]...

Les rapports hiérarchiques: ce que la loi dit et, surtout, ce qu'elle ne dit pas

La loi du 9 mars 2004 – dite «Perben II» – a créé un chapitre du code de procédure pénale (CPP) avec un article unique intitulé « Des attributions du garde des sceaux, ministre de la Justice ». Cet article 30 dispose que « le garde des Sceaux adresse aux magistrats du ministère public des instructions générales d'action publique. Il peut dénoncer au procureur général les infractions à la loi pénale dont il a connaissance et lui enjoindre, par instructions écrites et versées au dossier de la procédure, d'engager ou de faire engager des poursuites ou de saisir la juridiction compétente de telles réquisitions écrites que le ministre juge opportunes ».

Depuis cette loi, le procureur général « anime et coordonne l'action des procureurs de la République ainsi que la conduite de la politique d'action publique par les parquets de son ressort ». Il peut à son tour donner des instructions écrites aux procureurs de la République (articles 35 et 36 du CPP).

Ces textes présentent surtout un intérêt « en transparence », c'est-à-dire moins pour ce qu'ils permettent que pour ce qu'ils interdisent *a contrario*. En effet, ils signifient qu'il est interdit d'enjoindre au procureur général ou au procureur de la République de *classer sans suite* une affaire, tout comme ils prohibent toute instruction *non écrite* dans une affaire particulière.

En théorie, les rapports entre les différents échelons du parquet sont donc régis par la règle de l'écrit et, si le garde des Sceaux peut prendre la responsabilité politique de faire juger toute personne, il ne peut en aucun cas « enterrer » une affaire, c'est-à-dire la soustraire au débat d'un tribunal.

Quant au rôle du substitut au sein du parquet, on ne trouve à son sujet que deux articles réglementaires (*cf. infra*). Le substitut apparaît comme le grand « impensé » de l'organisation parquetière. Or c'est lui qui, concrètement, prend l'immense majorité des décisions.

À cet égard, la question de la légitimité propre du substitut est largement débattue au sein des parquets, où s'affrontent deux conceptions différentes aux incidences essentielles.

Selon la première, le substitut tire sa légitimité du procureur de la République – d'où son appellation – et c'est en son nom qu'il prend toutes ses décisions, en vertu d'une sorte de délégation de pouvoir. Comprendre : c'est parce que le procureur de la République ne peut pas tout faire tout seul qu'existent les substituts. D'où la pratique consistant par exemple à signer les réquisitoires et les soit-transmis « pour le procureur de la République ». On voit bien combien cette acception tend à déposséder le substitut de ses attributs de magistrat, le transformant en excroissance du procureur, lequel aurait le pouvoir de lui retirer tout dossier pour le traiter lui-même.

Selon une seconde conception, le substitut, comme tout magistrat, tire sa légitimité de *la loi*, qui lui donne le pouvoir de signer en son nom tous les actes ressortissant du pouvoir du procureur. En ce sens, tout substitut *est* le procureur de la République lorsqu'il prend une décision et requiert à l'audience. Un arrêt de la Cour de cassation du 3 juillet 1990 prend clairement partie pour cette acception, en précisant que « le substitut puise en sa seule qualité, en dehors de toute délégation de pouvoir, le droit d'accomplir tous les actes rentrant dans l'exercice de l'action publique ».

Au sein des tensions à l'œuvre entre ces deux pôles, deux « labels » jouent à plein pour *délégitimer* la fonction de substitut dans l'intérêt de sa hiérarchie et, en dernière analyse, du pouvoir exécutif.

De façon liminaire, il n'est pas inintéressant de constater que le concept de « loyauté » ne se trouve dans aucun texte spécifique au parquet, mais seulement dans le serment que prêtent tous les magistrats, ceux du parquet comme ceux du siège[6]. Or, si cette exigence n'est quasiment jamais évoquée s'agissant des juges, elle l'est en revanche de plus en plus à propos du parquet. Il convient donc d'interroger cet usage asymétrique afin de percevoir les intérêts qu'il peut servir.

Pour le dictionnaire, la loyauté est la « fidélité à tenir ses engagements ». En ce sens, elle oblige seulement le magistrat du parquet à informer son supérieur hiérarchique tant des faits qui sont portés à sa connaissance que des décisions qu'il a prises. Or, la conception désormais ordinaire de la loyauté finit par conduire le substitut à prévoir quelle décision il *envisage* de prendre ou quelle peine il *veut* requérir et à en informer par avance le procureur. Il met ainsi ce dernier en mesure de le faire remplacer. Bref, cette conception aboutit à l'infidélité du substitut envers ses propres décisions... On ne saurait trouver plus belle illustration de la théorie de la délégation de pouvoir.

Cette pratique conduit à biaiser le fonctionnement institutionnel tel qu'il est prévu par les textes concernant le principe de *la liberté de parole à l'audience*[7]. Comment prétendre en effet que la parole est libre à l'audience quand les réquisitions qui y seront tenues auront été savamment contrôlées *a priori* par le procureur qui aura choisi de faire remplacer un substitut par un autre ? La formule devrait alors être précisée : la parole est libre à l'audience, à condition d'avoir été autorisée.

Cette acception de la loyauté est par ailleurs totalement contradictoire avec les deux principes de *l'interdiction des injonctions de classer sans suite* et de *l'obligation de verser au dossier les injonctions écrites de poursuivre*. En effet, l'interdiction de l'injonction de classer risque fort de se révéler purement formelle si la loyauté oblige le substitut à déclarer son intention d'engager des poursuites et si le procureur peut le dessaisir et confier le dossier à un autre substitut plus docile (qui procédera au classement), voire le classer lui-même. De même, si le substitut qui envisage de classer sans suite une affaire doit en informer préalablement le procureur et accepter de lui « rendre » le dossier à sa demande, aucune instruction écrite de poursuivre ne figurera jamais au dossier.

La difficulté réside dans la question de savoir si ces textes s'appliquent bien aux rapports entre les substituts et les procureurs, ou seulement aux rapports entre le procureur et le parquet général. Le vide juridique sur ce point peut alors être interprété en faveur de la théorie selon laquelle le substitut n'est qu'une émanation du procureur puisque le législateur n'a pas cru bon de préciser les règles régissant leurs rapports.

Il est donc indispensable que tout substitut puisse s'appuyer sur un texte solide et incontestable lorsqu'il doit répondre à des injonctions de sa hiérarchie. Sinon s'installe l'idée que le procureur a le droit à tout moment de lui retirer un dossier.

Le substitut est d'autant plus enclin à accepter cette pratique que c'est le procureur de la République qui, dans les faits (rapports avec la hiérarchie, la presse, l'exécutif, les autres institutions), assume les orientations mais aussi les décisions de son parquet. C'est donc, dit-on, placer le procureur dans une position difficile que de lui faire assumer des décisions qu'il n'a pas prises, autre argument qui conduit bien souvent le substitut à accepter que le procureur puisse librement lui reprendre un dossier s'il souhaite modifier sa décision.

Dans les textes comme dans la pratique, le procureur possède un pouvoir absolu de répartition des magistrats de son parquet dans les différents services qui le constituent.

Les articles R. 311-34 et R. 311-35 du code de l'organisation judiciaire disposent ainsi que le procureur

« répartit ses substituts entre les chambres du tribunal et les divers services du parquet » et qu'il « peut à tout moment modifier la répartition de ses substituts ».

Cette constante *mutabilité* du substitut peut être utilisée comme une carotte ou un bâton par la hiérarchie. Elle n'encourage nullement le parquetier à exercer avec indépendance d'esprit la plénitude des attributions que lui confère la loi.

Ces différents éléments ont pour effet de neutraliser le substitut, c'est-à-dire de l'empêcher de prendre toute décision susceptible de nuire aux intérêts du pouvoir en place.

Cette politisation-neutralisation du parquet rend possible l'acceptation d'une conception abusive des textes concernant les pouvoirs du garde des Sceaux et des procureurs généraux.

Les derniers ministres de la Justice ont ainsi affirmé avec force leur pouvoir hiérarchique, parfois de manière ouvertement autoritaire, par exemple lorsque Rachida Dati a déclaré qu'elle était « chef des procureurs ».

Les instructions individuelles de poursuivre, dont certains gardes des Sceaux s'étaient engagés à ne pas faire usage, se sont multipliées.

Les circulaires dites de « politique générale » sont venues réduire toujours plus la marge de manœuvre des parquetiers. Elles comportent même parfois des dispositions contraires au statut de la magistrature. Ainsi, lors de l'entrée en vigueur de la loi sur les « peines planchers » en 2007, des instructions ont été données de viser systématiquement la récidive dans la qualification des faits, de requérir systématiquement la peine plancher à l'audience – au mépris de toute liberté de parole – et de faire appel systématiquement lorsqu'elle n'était pas prononcée.

Début 2009, la chancellerie a envoyé à chacun des parquets généraux une circulaire personnalisée détaillant, par cour d'appel, les objectifs précis qui leur étaient assignés et leur demandant de les décliner par tribunal de grande instance. Cette pratique conduit à un maillage de plus en plus précis de la justice par le gouvernement, au nom d'une harmonisation qui s'apparente à une caporalisation et fait souvent peu de cas des réalités locales[8].

Dans une étude consacrée à la magistrature française des années 1930 et 1940, l'historien Alain Bancaud affirme que « les responsables du parquet se caractérisent par leur capacité à respecter, mais aussi à solliciter des instructions... Le parfait parquetier sait reconnaître les affaires susceptibles d'intéresser la chancellerie, il se fait un devoir de l'avertir et de la tenir soigneusement informée des suites de l'affaire[9] ». Rien n'a vraiment changé depuis...

Sociologiquement, le choix des procureurs dans les grands tribunaux est crucial pour le pouvoir en place. Il est clair que ce choix se fait en fonction de la docilité, réelle ou supposée, du magistrat en question. Les pratiques illégales risquent alors d'être acceptées par des magistrats qui craignent de « rater leur carrière » : tout est fait pour que, chacun à leur niveau, ils acceptent de prendre l'avis de leur hiérarchie *avant* toute décision dans les dossiers sensibles. Cela constitue pourtant un détournement du texte prévoyant que le garde des Sceaux et le procureur général peuvent *enjoindre* de poursuivre par écrit dans un dossier classé sans suite. Le but de cette pratique est de dissimuler que la décision vient « d'en haut »...

Par conséquent, les procureurs acceptent les injonctions de poursuivre sans ordre écrit de la hiérarchie, et la même logique les conduit à accepter les injonctions de classer sans suite[10].

Dès lors, l'insuffisance des garanties concernant, d'une part, la nomination des magistrats du parquet et, d'autre part, les pouvoirs respectifs des procureurs et de leurs substituts, sont deux facteurs essentiels qui rendent possibles des pratiques illégitimes, voire illégales, et un contrôle de la plupart des décisions sensibles par le pouvoir exécutif.

De fait, en dépit des dénégations générales des représentants de l'exécutif et de la haute hiérarchie du parquet, les intrusions du pouvoir politique dans la sphère judiciaire en vue de contenir, entraver ou faire avorter des procédures pénales susceptibles de l'embarrasser ne sont pas rares. Le ministère public constitue alors bien souvent un relais efficace[11].

Les clefs d'une réforme devenue incontournable

Ainsi décrit, le parquet apparaît comme le « cheval de Troie » du pouvoir exécutif dans le fonctionnement de l'autorité judiciaire. Le premier enjeu d'une réforme du ministère public est donc de garantir son indépendance à l'égard de la chancellerie, pour mieux séparer les pouvoirs.

Il est clair cependant que, sous l'angle de la protection des libertés individuelles, une telle émancipation ne serait pas suffisante. Même indépendant, le parquet n'en demeurerait pas moins une *partie* au procès pénal – la partie poursuivante – et il ne pourrait à ce titre conserver certains des pouvoirs qui lui ont été confiés et qu'il n'aurait jamais dû pouvoir exercer en raison de sa nature même.

Émanciper le parquet du pouvoir politique

La réflexion classique sur l'indépendance du ministère public se concentre de façon quasi exclusive sur le mode de nomination des procureurs. Cette approche, qui part du postulat selon lequel l'indépendance découlerait naturellement d'une plus grande sécurité dans le déroulement de la carrière, semble bien parcellaire.

En effet, l'alignement des conditions de nomination des membres du parquet sur celles des magistrats du siège, pour bénéfique qu'il serait, ne résoudrait qu'imparfaitement un problème d'une ampleur bien supérieure. Ainsi, à titre d'exemple, la persistance du monopole de la chancellerie sur les propositions de postes pour les substituts, vice-procureurs, procureurs adjoints, substituts et avocats généraux – à l'instar d'ailleurs de ce qui a cours pour les magistrats du siège – ne permettrait nullement de s'assurer de l'indépendance des membres du parquet.

La question du renforcement des garanties d'indépendance du ministère public doit donc être posée en fonction de plusieurs paramètres :

– celui, évident, des garanties statutaires qui doivent s'attacher aux magistrats du parquet ;
– celui de la légitimité du pouvoir exécutif à intervenir dans les affaires de justice et du périmètre de cette intervention ;
– celui des rapports entre les différents maillons de la chaîne hiérarchique ;
– celui, enfin, le plus complexe et le plus stratégique, des relations au sein des parquets de première instance.

Ces paramètres permettent de dégager plusieurs objectifs, eux-mêmes sous-tendus par des axes de réforme.

Premier objectif : mettre la carrière des parquetiers à l'abri des pressions politiques

Cet objectif, déjà largement théorisé par ailleurs, ne pose pas de réelle difficulté, tant dans ses motivations que dans ses modalités.

Il peut se décliner en deux propositions.

Proposition n° 1 : aligner le régime de nomination des magistrats du parquet sur celui des magistrats du siège.

Cette proposition doit être couplée avec une autre, commune à l'ensemble du corps des magistrats.

Proposition n° 2 : donner au Conseil supérieur de la magistrature l'initiative des propositions de nomination.

En matière de nomination, y compris des magistrats du siège, le pouvoir de proposition de la chancellerie se révèle en effet, dans l'immense majorité des cas, primordial. Sans revenir sur le détail de réflexions tenant davantage au CSM qu'au parquet, rappelons que les garanties d'indépendance pour les magistrats ne seront réelles que lorsque le CSM aura lui-même le pouvoir de proposition, ce qui implique principalement que lui soit rattaché ce qui constitue aujourd'hui, au ministère de la Justice, la « sous-direction des ressources humaines de la magistrature ».

À tout le moins, le CSM devra avoir la faculté de substituer le nom d'un magistrat réclamant à celui du magistrat proposé par la chancellerie sur un poste donné.

Deuxième objectif : mettre fin à l'intervention du pouvoir exécutif dans les affaires

La justice est aussi une politique publique. Il est difficilement envisageable que celle-ci ne se matérialise pas sous la forme de *circulaires générales*.

Une limite doit cependant être posée : ces circulaires ne doivent en aucune manière être contraires au statut de la magistrature et leurs prescriptions doivent rester adaptables aux situations individuelles et aux réalités locales.

Tout autre est la question des *instructions individuelles*. Le pouvoir exécutif n'a aucune légitimité à intervenir dans le cours même des affaires judiciaires.

Il est bien sûr permis de penser le contraire, s'agissant en particulier des instructions de poursuites, en considérant que le garde des Sceaux doit pouvoir prendre la responsabilité politique de renvoyer un dossier devant un tribunal. L'expérience tend cependant à démontrer qu'il est impossible de prévenir les abus d'un tel pouvoir. On le sait déjà : prévoir que seules de telles instructions « positives » peuvent être données et acceptées et qu'elles doivent être écrites et versées aux dossiers n'empêche(ra) nullement l'existence d'instructions « négatives » et téléphoniques !

Maintenir un tel lien reviendrait en fait à refuser de fermer la porte par laquelle le gouvernement pénètre pour piloter les affaires sensibles dans son seul intérêt. Il est donc indispensable d'interdire formellement toute instruction aux procureurs dans les dossiers individuels. Un garde-fou doit cependant être instauré pour parer à l'éventualité d'une inertie illégitime du parquet. La question ne se pose pas lorsqu'un plaignant peut lui-même faire échec à cette inaction. En revanche, il importe de ne pas abandonner à la seule appréciation du parquet les infractions « sans victime » (*cf. supra*). On peut alors imaginer un système de « légalité tempérée des poursuites », dans lequel la loi imposerait au parquet d'engager des poursuites pour ces infractions, ainsi soustraites au principe dit de « l'opportunité des poursuites ».

On éviterait dès lors à la fois les incursions du pouvoir politique dans les « affaires » et les éventuels abus de pouvoir de procureurs qui, devenus indépendants, ne sauraient être des potentats.

Troisième objectif : clarifier les rapports au sein des parquets de première instance

Sans entrer ici dans le détail d'une question qui peut sembler très « interne » ou trop « micro » – bien qu'elle ait en réalité des implications importantes pour les « justiciables » – il convient de restaurer les substituts du procureur dans leurs fonctions de magistrats afin de réduire au maximum le fonctionnement vertical du parquet, si propice au contrôle politique.

Proposition n° 1 : contraindre le procureur de la République à soumettre à l'avis conforme de l'assemblée générale des magistrats du parquet l'organisation de celui-ci.

L'organigramme du parquet présente une grande importance, en ce qu'il détermine l'étendue de la compétence de chacun des magistrats qui le composent.

Il devra être validé par l'assemblée générale des magistrats du parquet et répondre à deux exigences.

En premier lieu, la répartition des compétences des magistrats ne pourra être faite qu'en fonction du type de *contentieux*, et non en fonction de la qualité du justiciable en cause. À l'heure actuelle, certains magistrats du parquet (en général, ceux qui ont la confiance du procureur) se voient attribuer tous les contentieux mettant en cause « un fonctionnaire de police », « un fonctionnaire de l'administration pénitentiaire », « les élus »... Cette façon d'organiser un parquet doit être interdite car elle est contraire au principe d'égalité des justiciables. On ne peut pas être dupe des motivations de ces procureurs qui organisent leur parquet de la sorte : ils souhaitent ainsi garder la haute main sur des décisions qui intéressent nécessairement la hiérarchie parquetière – et le pouvoir exécutif.

En second lieu, tout déplacement d'un magistrat du parquet d'un contentieux vers un autre pourra, s'il estime que ce déplacement est abusif, être soumis à l'assemblée générale des magistrats du parquet.

Proposition n° 2 : ouvrir un recours au substitut qui, déchargé du suivi d'un dossier, s'estimerait victime d'une décision arbitraire.

Si les procureurs peuvent continuer de décharger arbitrairement leurs substituts du traitement des dossiers sensibles, rien ne sert de prévoir des règles d'affectation plus strictes. Sans rigidifier excessivement le fonctionnement des parquets, il importe donc d'offrir aux substituts la possibilité de contester ce type de décision – auprès du CSM par exemple.

Retirer au parquet les pouvoirs qu'il n'aurait jamais dû avoir

La Cour européenne des droits de l'Homme l'a rappelé avec force : le parquet est une partie et, à ce titre, il ne peut porter atteinte à la liberté d'une autre partie – ou contrôler une telle atteinte.

Certes, s'agissant des mesures privatives de liberté (garde à vue, détention), la Cour de Strasbourg tolère qu'il le fasse... pendant un certain temps (trois jours pour les affaires de « droit commun », quatre dans les dossiers de « criminalité organisée[12] »). Un magistrat du siège doit ensuite intervenir.

On ne peut cependant faire l'impasse sur l'aspect fondamental du raisonnement : c'est bien la *nature* du parquet qui est en cause, sa qualité d'autorité de poursuite. Il est temps d'en tirer les conséquences.

Réduire drastiquement ses pouvoirs d'atteinte aux libertés

Si l'on peut concevoir qu'un juge ne soit pas matériellement en mesure d'autoriser l'arrestation d'un suspect dans le cadre d'une *enquête de flagrance* (l'ancien « flagrant délit »), il est essentiel que toutes les autres mesures coercitives soient autorisées par un magistrat du siège, non seulement indépendant – comme le serait le nouveau parquet – mais surtout *impartial* – comme n'ayant aucun intérêt à la procédure.

Ainsi, les autres arrestations et les perquisitions ne doivent plus pouvoir être décidées par le seul parquet. De même, aucune mesure privative de liberté ne doit plus pouvoir être prolongée par lui.

Par ailleurs, s'il entend placer une personne sur écoute téléphonique, il ne doit plus suffire que le parquet y soit autorisé par un juge – le JLD – qui, intervenant soudainement et ponctuellement, n'est pas véritablement en mesure d'apprécier si cet acte grave est strictement nécessaire à l'enquête. Il lui faudra alors ouvrir une information judiciaire afin qu'un juge d'instruction en décide.

Il importe également de revenir sur les pouvoirs exorbitants qui ont été dévolus au ministère public en matière de détention provisoire : il ne doit plus pouvoir saisir directement le JLD en vue de l'incarcération du mis en examen, ni faire échec à la mise en liberté de celui-ci au moyen d'un référé-détention.

Revenir sur son rôle de « quasi-juge »

Comme l'a relevé Jean-Paul Jean, « la masse des affaires pénales est désormais traitée avec pour finalité première d'éviter l'audience publique, cantonnée au rôle de face visible d'un système pénal qui gère les contentieux de masse en donnant la priorité à la logique d'efficience (le meilleur résultat au moindre coût) », ce qui a conduit à faire du parquet un « quasi-juge », en particulier dans le cadre des procédures dites « alternatives » ou « simplifiées[13] ».

Une véritable réforme du parquet passera par son repositionnement comme simple autorité de poursuite et ainsi par la déconstruction de cette procédure pénale d'exception devenue la règle.

Le « plaider coupable » doit être aboli sans aucun doute. Quant à la *composition pénale* – créée en 1999 et par où tout a commencé – elle s'est tellement banalisée que son maintien est loin d'être une évidence. À tout le moins faudrait-il en réduire sensiblement le périmètre.

Évidemment, lorsque le juge lui-même devient un quasi-juge, ce n'est pas davantage supportable. Il conviendrait donc aussi de s'interroger sur l'explosion du nombre de procédures traitées par la voie de *l'ordonnance pénale* ou d'audiences tenues par un *juge unique*. Mais c'est une autre histoire...

1. Cette analyse doit beaucoup aux travaux menés en 2009 par le «Groupe pénal» du Syndicat de la magistrature.
2. Voir aussi «Le parquet, enjeu de la réforme pénale», Mireille Delmas-Marty, *Le Monde*, 25 mai 2009.
3. La conférence nationale des procureurs a solennellement réitéré cette position le 8 décembre 2011 dans une «résolution» très remarquée.
4. Traitement du renseignement et action contre les circuits financiers clandestins, cellule française de lutte antiblanchiment créée en 1990 et qui dépend notamment du ministère de l'Économie, des Finances et de l'Industrie.
5. On pense notamment aux affaires dites «de Tarnac», «des biens mal acquis» (par plusieurs chefs d'États africains), «des emplois fictifs de la mairie de Paris», «Clearstream», etc.
6. «Je jure de bien et fidèlement remplir mes fonctions, de garder religieusement *(sic!)* le secret des délibérations et de me conduire en tout comme un digne et loyal magistrat» (article 6 de l'ordonnance du 23 décembre 1958 portant statut de la magistrature).
7. Article 5 du statut.
8. Pour une analyse de ces circulaires, cf. Syndicat de la magistrature, «Politique pénale: Messieurs les procureurs généraux, encore un effort!», communiqué de presse, 17 février 2009.
9. Alain Bancaud, *Une exception ordinaire, la magistrature en France, 1930-1950*, Gallimard (2002).
10. Lire à ce sujet le témoignage instructif d'un magistrat de la chancellerie publié dans la revue du Syndicat de la magistrature, *J'essaime... pour une autre justice*, n° 15, novembre 2010.
11. Pour une trentaine d'illustrations édifiantes, cf. Syndicat de la magistrature, «Lettre ouverte à ceux qui feignent de croire en l'indépendance du parquet», 29 octobre 2009, et «Lettre ouverte au garde des Sceaux et au ministre des Affaires étrangères relatives à la volonté de l'État français de lutter contre les crimes internationaux», 5 février 2010.
12. *Cf.* Cour européenne des droits de l'Homme, arrêts Huber c. Suisse du 23 octobre 1990 et Brogan c. Royaume-Uni du 29 novembre 1988.
13. Jean-Paul Jean, «Faut-il réformer le statut du ministère public?», *AJ Pénal*, mars 2011.

La société du soupçon
Pucés, filmés, fichés, quelles alternatives ?
Évelyne Sire-Marin

Nous sommes tous des œufs fragiles face à un mur solide. Ce mur a pour nom « le système ». Il est trop haut, trop solide, trop froid. Si nous avons un quelconque espoir de gagner, il ne peut provenir que de notre foi dans le caractère unique et irremplaçable de nos âmes et de la chaleur qu'on obtient en les unissant.
*Haruki Murakami**

Dans *Brazil*, un film des années 1980 de Terry Gilliam, un bureaucrate zélé du ministère de l'Information finit par être considéré comme un dissident parce qu'il veut réparer une erreur administrative. Ses rêves expriment de plus en plus brutalement sa révolte contre la société futuriste et totalitaire décrite dans le film. Dans l'une des premières scènes, Robert De Niro observe celle qu'il va aimer à travers les images d'une caméra de surveillance mobile, qui tâte et renifle ceux qui entrent dans le hall du ministère de l'Information. Dans une autre scène, coupée au montage, il survole un océan de globes oculaires qui le regardent fixement.

Un article du *Parisien* du 9 septembre 2010 nous fait passer directement de cette fiction à la réalité.

Brazil, *ou quand la fiction devient réalité*

« Comment surveiller plusieurs dizaines de bambins dans une crèche sans faire appel à une multitude d'auxiliaires de puériculture ? Grâce aux puces intelligentes ! Pour la première fois en France et en Europe, une crèche parisienne expérimentera, dans le courant du premier semestre 2011, le contrôle électronique sans fil de ses petits pensionnaires. »

Le président de la société « Lyberta » (qui a manifestement le sens de l'oxymore), explique qu'il s'agit d'une expérimentation pour une grande compagnie d'assurances : « Nous installerons des sondes un peu partout dans la crèche pour établir une cartographie complète du lieu. Grâce à une puce portée par chaque enfant, il sera possible de savoir instantanément si l'un d'entre eux quitte la crèche. La direction de la crèche sera immédiatement alertée, tout comme les parents par SMS sur leurs téléphones portables[1]. »

Le collectif *Pas de Zéro de conduite pour les enfants de 3 ans* avait souligné l'absurdité de la suspicion instaurée dès la crèche, à la suite du rapport Bénisti de 2004, qui proposait de signaler les enfants déviants à partir de trois ans, avec l'arrière-pensée d'administrer à ces « hyperactifs » de la Ritaline pour le plus grand profit des laboratoires pharmaceutiques.

Toute l'Europe est le lieu de la société du soupçon. En Suède, tous les mails, SMS et conversations téléphoniques sont surveillés ; en Hollande, les ondes Mosquitos chassent les moins de 17 ans des centres villes ; en Allemagne et en Grande-Bretagne, des millions de données personnelles, dont des coordonnées bancaires, s'achètent et se vendent sans aucune protection.

Pourtant les attentats de Madrid et de Londres ont démontré l'impuissance de cette surveillance du quotidien et des textes sécuritaires qui la légalisent depuis septembre 2001, au nom de la lutte contre le terrorisme. Tous ces attentats ont été commis par des personnes parfaitement intégrées et ne figurant sur aucun fichier de police.

En France, la crèche, la maternelle et l'école primaire deviennent des lieux d'apprentissage de la surveillance.

Nous vivons donc d'ores et déjà dans un monde où les techniques de surveillance sont opérantes dès l'enfance, où les hommes sont à la fois complètement surveillés et terriblement seuls, complètement interconnectés et totalement délaissés, hyperinformés et tragiquement ignorants du sens de leur vie.

Surveillés de la crèche à la mission locale pour l'emploi

Ainsi, « Base élèves », un fichier de tous les enfants scolarisés en maternelle et en primaire, a été créé en 2004. Sous la pression du collectif de résistance à Base élèves, le Conseil d'État a partiellement annulé le 19 juillet 2010 les dispositions permettant de recueillir à l'école des données sur l'origine des enfants, leur santé ou leurs handicaps, et de les conserver pendant 35 ans. Mais il reste que ce fichier continue à exister, malgré la résistance de nombreux directeurs d'école qui refusent de l'alimenter.

Un autre fichier, celui des « décrocheurs », vient d'être créé en 2011 par l'Éducation nationale. Depuis la loi Ciotti du 14 septembre 2010, qui permet de supprimer les allocations familiales en cas d'absentéisme scolaire, ce fichier permet de repérer, mais surtout de pénaliser les familles de ceux qui sont en cours de déscolarisation.

Enfin, au lycée, l'introduction de la biométrie se généralise. Cette technique d'identification passe par l'enregistrement et la reconnaissance de données biologiques et anatomiques (iris de l'œil, traits du visage, forme de la main, empreintes digitales...) pour entrer dans les établissements ou pour avoir accès à la cantine. La biométrie, ou comment montrer aux jeunes que son propre corps peut devenir un indice, et même un indicateur de soi-même...

Hors de l'école, sous prétexte de prévention de la délinquance, deux lois, « Égalité des chances » du 31 mars 2006 et « Prévention de la délinquance » du 15 mars 2007, permettent aux maires d'accéder indirectement aux informations sociales et éducatives concernant les familles de leur commune, de les signaler aux juges des enfants, de les admonester et même de les faire condamner à un travail d'intérêt général, en cas de « menace pour l'ordre public ».

D'ailleurs, la Loppsi 2 du 15 mars 2011[2] rend obligatoires les « Conseils des droits et devoirs des familles » présidés par le maire dans toutes les villes de plus de 50 000 habitants. Mais bien des maires refusent d'appliquer cette loi qui vise à créer une administration municipale de police de la famille[3].

On voit donc s'organiser des résistances aux fichages.

Résister c'est exister

Ainsi, certains des agents de Pôle emploi, auxquels on demande de contrôler les documents de séjour des étrangers demandeurs d'emploi, refusent d'effectuer ce travail de policier.

Des psychiatres, notamment l'Union syndicale de la psychiatrie, dénoncent depuis longtemps les dangers liés au « recueil d'information médicale en psychiatrie » (RIMP), qui implique d'une part la constitution de grands fichiers hospitaliers de données de santé particulièrement sensibles (dont le diagnostic psychiatrique et le mode d'hospitalisation) ; et d'autre part l'imposition, par le biais de ce recueil à visée médico-économique, d'un modèle clinique très réducteur, objectivant et déshumanisant.

Dans un appel du 1er août 2011, « Liberté, citoyenneté, psychiatrie », ils demandent que soit reconnu le droit à l'oubli des malades mentaux, et se disent prêts à résister contre le « casier psychiatrique » institué par la nouvelle loi du 5 juillet 2011, qui réforme l'hospitalisation sans consentement des malades mentaux, jusqu'ici régie par la loi du 27 juin 1990. Ils appellent à utiliser «le droit contre la loi».

Et bien sûr, des militants s'opposent au fichage ADN. À l'origine très liés aux luttes anti-OGM, à l'occasion desquelles de simples citoyens, des mères de famille, des enseignants, des fonctionnaires se sont retrouvés fichés, des collectifs antifichage se sont constitués pour dénoncer cette pénalisation du mouvement social. Leur combat se situe notamment sur le terrain judiciaire, couronné parfois de succès, comme dans le cas des contre-plaquistes de Grenoble, pour lesquels la Cour de cassation a reconnu l'illégalité du fichage ADN[4].

Parfois, même les tribunaux de première instance relaxent ces réfractaires, comme ce fut le cas devant le TGI de Compiègne, le 3 mai 2011, pour ce militant syndical qui avait refusé de donner son ADN, au motif qu'il avait occupé son entreprise pour garder son emploi : le tribunal a reconnu qu'il n'avait pas agi dans «un but délinquant». Mais le parquet a depuis fait appel de cette relaxe.

Facebook, pour le meilleur et pour le pire, mais surtout pour les parts de marché

Dès l'adolescence, l'inscription sur les réseaux sociaux de type Facebook est un mélange de vie privée et de voyeurisme. 50 % des 500 millions d'inscrits se connectent chaque jour, postent leurs photos, le récit des instants les plus minuscules de leur vie, collaborent à la surveillance d'eux-mêmes.

Les réseaux sociaux illustrent la complexité de la question de la surveillance, puisque le réseau est autant un instrument utilisable à des fins policières ou commerciales qu'un formidable outil de libération des peuples, comme l'ont montré les révolutions arabes du printemps 2011.

Sur Facebook, grâce à l'anodin bouton «j'aime», que chacun peut intégrer sur son site, l'entreprise suit nominativement à la trace 150 millions de personnes chaque mois, filon largement exploité par les grandes marques[5] et qui abolit tout anonymat.

D'ailleurs à Paris, dans les affaires pénales, il est plus simple, pour les policiers qui placent une personne en garde à vue, de taper d'abord son nom ou son pseudonyme sur Facebook, que de chercher d'emblée sur leurs innombrables fichiers de police (plus de 60 à l'été 2011).

Demain, grâce aux puces RFID[6], dès qu'on entrera dans un magasin, un SMS nous interpellera sur notre portable. Déjà, les fichages commerciaux, à l'occasion d'un achat sur Internet ou de la simple consultation d'un site, sont acceptés par le plus grand nombre comme une servitude volontaire de la société de consommation. Et il y a quelques mois, le Congrès des États-Unis a adopté une loi qui permet de pucer l'être humain. Sous prétexte de remboursement des soins de santé, cette puce permettra l'identification des patients[7].

Des collectifs, comme «Pièces et main d'œuvre» à Grenoble, dénoncent l'absence de protection des données contenues dans les puces RFID intégrées dans les cartes de transports, dans les étiquettes adhésives des emballages, des livres, des vêtements. Ces puces peuvent déclencher la prise de photo d'un client qui saisit un paquet de rasoirs sur un présentoir, pour vérifier s'il s'agit bien du même client qui passe à la caisse, car ce sont de minuscules ordinateurs communicants fabriqués par IBM, ASK, Axalta, ST Microelectronics, Morpho… C'est un énorme marché qui dépassera 13 milliards d'euros en 2013, dans lequel la France tient la 6e place mondiale.

Mais la vraie vitrine française RFID sera la carte d'identité électronique, que le Parlement vient d'accepter, et qui contiendra les caractéristiques physiques de 45 millions de Français de plus de 15 ans. Cependant, la Cour européenne des droits de l'homme pourrait bien la juger illégale, car il s'agit d'un fichier général de population, dont l'unique précédent est celui des juifs, établi en 1940, dont on disait qu'il avait été détruit à la Libération, mais qui a été retrouvé aux archives des Anciens Combattants par Serge Klarsfeld.

Attention à tes oreilles, les murs les regardent

La banalisation de la surveillance passe également par l'installation de caméras dans la rue – 60 000 d'ici 2012 en France. Elles contribuent à l'acceptation d'un regard permanent sur des citoyens présumés innocents, pour le plus grand profit des sociétés de sécurité qui les fabriquent, les installent et les entretiennent.

Mais le coût de la vidéosurveillance pour les finances locales n'est jamais comparé à l'investissement réel pour le contribuable. Pour 100 euros investis, il faut ajouter 30 euros chaque année pour conserver le matériel opérationnel. Et surtout il faut salarier de nombreux agents de sécurité, car pour être efficace, une seule personne ne peut regarder plus de deux écrans en même temps. Ainsi à Paris, la municipalité a le projet d'installer 12 000 caméras, dont le coût permettrait de financer 1 000 emplois municipaux pendant 10 ans.

Cependant les élus pensent qu'installer des caméras est payant politiquement. Ils subissent d'ailleurs une forte pression du gouvernement, qui accorde des aides financières conséquentes aux collectivités locales et menace d'obliger les communes récalcitrantes à poser des caméras par injonction préfectorale.

Alors qu'aucun bilan réel de l'efficacité de la vidéosurveillance n'est dressé, on entend dire qu'elle est utile pour filmer les infractions graves. Mais l'expérience judiciaire montre que lorsqu'un crime ou un délit est commis, les caméras sont souvent défectueuses et que les moyens habituels de police judiciaire (enquête, témoignages, empreintes ADN, téléphonie...) sont bien plus efficaces.

Le Royaume-Uni, où chaque Londonien est filmé 300 fois par jour, vient d'ailleurs d'abandonner la vidéosurveillance à la suite d'un rapport parlementaire démontrant son coût extrêmement élevé en regard de son inefficacité en matière de prévention de la délinquance. Mais l'opinion publique continue à y être favorable.

La Cour des comptes arrive aux mêmes conclusions en France. Dans un rapport du 7 juillet 2011, elle fustige le manque de bilan réel des caméras déjà installées et le « développement rapide mais coûteux » de la vidéosurveillance. La chambre régionale des comptes de Rhône-Alpes avait déjà comparé, dans un rapport d'avril 2010, la baisse de la délinquance de voie publique à Lyon (34 %), ville pionnière de la vidéosurveillance, et à Villeurbanne (48 %), qui l'a refusée. À Lyon, la ville dépense près de 3 millions d'euros par an, ce qui équivaudrait à une centaine d'emplois de policiers et d'éducateurs chaque année. Si la délinquance s'est davantage réduite à Villeurbanne, où il n'y a aucune caméra, c'est grâce à la politique de prévention, à l'aide aux associations de quartier et à la formation des policiers.

De vieilles ombres sont de retour sous l'œil cyclopéen de la police

Parmi les 30 lois pénales votées sous la présidence de Nicolas Sarkozy, 17 textes contiennent des dispositions sur la surveillance policière : légalisation de fichiers policiers comme le STIC (Système de traitement des infractions constatées), extension du FNAEG[8], création des fichiers Edvige et Cristina[9], fichier Éloi des étrangers, pouvoirs policiers considérables en garde à vue pour de simples délits, avec la notion floue de bande organisée (trois jours sans avocat, perquisitions domiciliaires, poses de micros et caméras, infiltrations possibles), injonction de soins et bracelet de géolocalisation par satellite après l'exécution de la peine pour les délinquants sexuels, rétention de sûreté sans limitation de durée pour certains criminels ayant purgé de longues peines, conservation de données Internet pendant un an à disposition de la police, caméras et drones dans l'espace public, allongement de la rétention des étrangers à 45 jours dans la loi Besson-Guéant du 16 juin 2011...

En réalité, la justice a été expulsée de son rôle constitutionnel de gardienne des libertés, qui lui permettait de contrôler les immenses pouvoirs de la police. Pourtant il serait salutaire pour les libertés qu'un juge puisse être saisi pour vérifier par exemple ce que contient le fichier STIC[10]. Il est renseigné par les policiers au cours des placements en garde à vue, lors des enquêtes préliminaires et des instructions, lorsqu'une personne est mise en cause, y compris un mineur, ou lorsqu'une personne se dit victime d'infraction.

Les parquets, auxquels ce contrôle est dévolu, sont totalement débordés et ne peuvent plus – à supposer qu'ils le veuillent – vérifier les fichiers policiers, ni l'opportunité des mesures de gardes à vue.

L'exemple du FIJAIS[11] illustre l'aporie des fichiers, leur logique mécanique de dédoublement et d'extension : la création d'un fichier en entraîne inéluctablement une autre, car il est très vite dépassé ou insuffisant.

En 1998, Élisabeth Guigou, garde des Sceaux, créait le FNAEG pour les criminels sexuels. Très vite, ce fichier a grossi et s'est étendu, comme tous les fichiers de police, aux mineurs et à presque toutes les infractions (loi « sécurité quotidienne » du 15 novembre 2001, sous le gouvernement Jospin, puis loi « sécurité intérieure » du 18 mars 2003, de Nicolas Sarkozy).

En 2011, 1,5 million de profils ADN, recueillis par léger grattage de l'intérieur de la joue au moyen d'une sorte de buvard, l'écouvillon, étaient conservés à Écully près de Lyon. L'objectif initial du FNAEG – ficher les délinquants sexuels – ayant été dévoyé, on créa un nouveau fichier (loi Perben 2 du 9 mars 2004), le FIJAIS, pour les… délinquants sexuels.

Un nouveau cortège de mesures de contrôle figure dans la Loppsi 2 du 15 mars 2011, qui peut être qualifiée de loi policière. Elle étend encore les fichiers de police, avec possibilité de rapprochement entre eux. Elle crée les « réserves civiles » de la police, constituées de retraités de la police nationale et de volontaires, employés trois mois par an pour des missions de « soutien » aux forces de sécurité. Elle légalise les comités de délation, du type « voisins vigilants », de certaines communes.

Pourquoi refuser d'être surveillé quand on n'a rien à se reprocher ?

Toutes ces techniques, fichage, puces RFID, vidéosurveillance, sont issues, dans leur essence même, de la volonté d'identifier, de ficher, de classer, puis de ségréguer des populations « différentes », dangereuses, chômeuses. Le ministre du Travail, Xavier Bertrand, ne vient-il pas d'annoncer la création d'un fichier des allocataires sociaux[12] ?

À l'éternel sophisme : pourquoi refuser le fichage et les autres techniques de surveillance quand on n'a rien à se reprocher ?, on peut répondre : pourquoi l'accepter dans ce cas ?

Mais surtout, le fichage crée une discrimination et un risque d'utilisation sans aucun contrôle, qui ne sont pas acceptables dans une société démocratique. Ni la CNIL[13], totalement débordée, ni la justice ne constituent de réels contre-pouvoirs de la surveillance administrative, commerciale et policière.

Ainsi, bien que leur existence ait été longtemps niée, les fichiers des juifs, constitués au début des années 1930 au motif de simple enregistrement, se sont révélés mortels. Actuellement la surveillance vise d'autres populations : les Roms et les gens du voyage, dotés d'un carnet anthropométrique par arrêté du 16 juillet 1913, puis d'un livret de circulation toujours obligatoire[14] ; les délinquants et les fous, qui sont aux origines de la taxinomie policière, puisque Bertillon a créé pour eux l'identité judiciaire, le fichier des empreintes digitales, et le classement des criminels-nés (en fonction de la forme de leur crâne) s'inspirant de Lombroso.

Aujourd'hui, la loi du 5 juillet 2011 contraint les malades mentaux non hospitalisés à se soigner, en leur imposant le cas échéant une surveillance et un bracelet électronique à domicile. Tout le secteur psychiatrique s'y est pourtant opposé à travers l'appel « Mais c'est un homme », car le soin psychiatrique ne peut reposer que sur la confiance et non sur la contrainte.

Le contrôle policier se centre aussi sur les militants politiques, associatifs, syndicaux, et sur les défenseurs des droits. C'est ainsi que le fichier Edvige visait notamment les militants pour les droits des homosexuels. Créé par décret du 1er juillet 2008, annulé deux fois par le Conseil d'État, il ressuscite en Edvige 3 par un décret du 16 octobre 2009, attestant de l'obstination à traquer « toutes personnes dont l'activité individuelle ou collective indique qu'elles peuvent porter atteinte à la sécurité publique », définition infiniment large et imprécise…

Mais surtout, le cœur de cible du fichage en France, ce sont les étrangers. Non seulement les étrangers eux-mêmes, placés en centre de rétention, sont fichés dans le fichier ELOI (comme éloignement !) mais aussi ceux qui leur rendent visite. Et encore ceux qui demandent la nationalité française...

Et malgré tout cet arsenal de surveillance, un mauvais bilan de lutte contre la délinquance

De la même manière que 600 000 personnes de plus sont au chômage depuis l'élection de Nicolas Sarkozy en 2007, les violences contre les personnes ont augmenté de 21,2 % de 2002 à 2010, malgré ses rodomontades sur la sécurité.

C'est le rapport de la Cour des comptes du 7 juillet 2011 qui le constate. Ni le chômage, ni l'insécurité n'ont diminué. Au contraire. Si les infractions contre les biens baissent, notamment les vols, c'est grâce à la généralisation des systèmes d'alarme et au refus d'enregistrement par la police des plaintes pour escroquerie à la carte bancaire. Mais les atteintes à l'intégrité physique des personnes et les vols à main armée se multiplient. Ainsi les braquages ont progressé de 15,8 % de 2008 à 2009 selon l'Observatoire national de la délinquance.

Non seulement la politique de « tolérance zéro » est inefficace, mais elle participe au délitement du lien social, elle organise une politique de la peur de tous contre tous. Seule l'industrie de la sécurité recrute et prospère depuis dix ans.

La culture de résultats imposée aux policiers les plonge dans l'absurde : en 2011, 48 actions « prioritaires » devaient être menées de front par les directeurs départementaux de la Sécurité Publique. Le réel bilan de cette frénésie policière est que les petites infractions, comme l'usage de stupéfiants ou le séjour irrégulier d'étrangers, occupent l'essentiel de l'activité de la police. Elles génèrent plus de 800 000 gardes à vue par an, la plupart sans suite judiciaire, mais avec un réel traumatisme des personnes inutilement retenues.

Surtout, cette politique du chiffre produit des statistiques immédiates faisant croire à l'efficacité de l'action policière (un consommateur de shit arrêté = une infraction élucidée), tandis que la police est de moins en moins occupée à démanteler les réseaux de trafiquants de stupéfiants ou de proxénètes.

Plutôt que d'imposer à la police une politique du chiffre, il faudrait d'une part créer une police du quotidien dans les quartiers et d'autre part renforcer de façon significative les effectifs de la police judiciaire concernant la délinquance la plus grave. Mais les dernières déclarations du ministre de l'Intérieur, Claude Guéant et des membres de la droite populaire (qui compte une centaine de députés au Parlement) continuent à attiser la haine envers les jeunes issus de l'immigration et les étrangers. Elles attestent de la diffusion des idées du Front national auprès d'une partie de la droite française. Car si l'on compare termes à termes les propositions du FN et les lois votées par l'UMP depuis 2007, il apparaît que l'actuel gouvernement achève partiellement de réaliser le programme du Front national pour les présidentielles de 2002 et de 2007.

Ce que le Front national a proposé, Nicolas Sarkozy l'a fait

Certaines mesures prônées par le FN dans le domaine économique, comme la retraite à 65 ans, la suppression de l'AME (Aide médicale de l'État permettant l'accès aux soins des personnes étrangères résidant en France) et du RSA pour les étrangers, sont entrées en vigueur. Mais, en matière de justice et police, c'est bien pire.

Car 11 propositions du FN sur 24 ont déjà été réalisées par les gouvernements de Nicolas Sarkozy.

Quelques exemples extraits du programme du FN des présidentielles de 2003 et de 2007 l'illustrent.

– Le FN voulait « créer 13 000 nouvelles places de prison ». Ce programme est réalisé depuis la loi Loppsi 1 du 3 août 2002.

– Le FN proposait « d'expulser les délinquants étrangers ». Or, l'objectif de 30 000 expulsions d'étrangers sera atteint en 2011, tandis que la durée de la rétention avant expulsion est passée de 12 à 45 jours (loi sur l'immigration du 26 novembre 2003, puis loi Besson-Guéant du 16 juin 2011). Mieux encore, Brice Hortefeux a décidé de comparer l'ADN des familles demandant le rapprochement familial, dans une loi du 20 novembre 2007.

– Le FN voulait « organiser une coopération étroite entre police et justice ». C'est la « chaîne pénale », bien solide aujourd'hui, qui fait de la justice une auxiliaire de la police, en raison de la toute-puissance des procureurs.

– Le FN voulait « réhabiliter les peines promptes, certaines et incompressibles » et « réduire l'écart entre le maximum et le minimum de la peine ». C'est peu dire que ce programme a été réalisé, car la loi Perben du 9 septembre 2002 permet de prononcer jusqu'à 20 ans de prison en comparution immédiate. Mais surtout, la loi du 10 août 2007 sur les peines planchers prévoit que l'emprisonnement ferme sera automatique en cas de récidive. Pour exemple, on a prononcé à Paris un an d'emprisonnement au deuxième vol de couches-culottes par une mère de famille au RSA, ou 4 ans, dont 2 fermes pour 20 grammes de crack.

– le FN voulait « instaurer la majorité pénale à 16 ans ». Nous y arrivons, avec la loi sur les citoyens assesseurs du 10 août 2011 qui prévoit la suppression des tribunaux pour enfants pour les mineurs récidivistes.

Mais l'UMP va bientôt surpasser le FN sur les questions d'immigration et de nationalité.

En 2010, une circulaire Hortefeux/Besson prévoyait l'expulsion de Roms, désignés en tant que groupe ethnique. En juin 2011, un rapport du député UMP Goasguen propose d'empêcher les étrangers de garder leur nationalité lorsqu'ils deviennent français. Jamais le FN lui-même n'avait envisagé de rejeter ainsi des millions de binationaux hors de la citoyenneté française.

D'ailleurs, les étrangers qui demandent la nationalité française par déclaration ou par naturalisation doivent, depuis 2011, « déclarer à l'autorité compétente la ou les nationalités qu'ils possèdent déjà, la ou les nationalités qu'ils conservent en plus de la nationalité française ainsi que la ou les nationalités auxquelles ils entendent renoncer[15] ». Les imprimés sont déjà prêts dans les administrations, conformément à ce racisme de bureau d'autant plus dangereux qu'il est mécanique, impensé…

C'est une première étape des idées UMP-FN sur l'interdiction d'avoir la double nationalité. D'abord on déclare qu'on a d'autres nationalités, on est donc fiché comme binational. Ensuite, ce sera interdit… il suffit d'attendre la prochaine loi.

Il n'est donc plus exact de parler, en terme de libertés publiques et au bout de dix ans de législation sécuritaire, de *risque* de contamination par les valeurs du Front National. Nous sommes ici et maintenant dans une république gangrenée par la politique de la peur et la xénophobie d'État.

Le silence assourdissant de la gauche

Devant les déclarations empoisonnées des Éric Ciotti et autres Claude Guéant, on s'attendrait à ce que la gauche tire la sonnette d'alarme, appelle à la défense des libertés, à en finir avec le soupçon permanent qui fiche et surveille l'autre, le différent…

Mais les principaux partis de gauche ignorent totalement ces questions. Il n'y a rien dans leurs programmes sur la surveillance et si peu sur la défense des libertés…

Ainsi, le programme du Parti socialiste pour les présidentielles de 2012 n'envisage pas vraiment une politique différente du populisme sécuritaire de l'UMP. Certes, dans le document «Pour un pacte national de protection et de sécurité publique» et dans ses «30 propositions pour 2012», le PS demande à juste titre l'augmentation des moyens de la justice et le renforcement de son indépendance. Mais la première phrase du projet socialiste est: «La sécurité est un droit fondamental au même titre que la santé et l'éducation.» Cela commence très mal, car toute la politique de Nicolas Sarkozy s'est fondée sur la confusion entre le *droit à la sûreté*, proclamé par l'article 2 de la Déclaration des droits de l'homme de 1789, et le *droit à la sécurité*, qui est une invention du populisme pénal actuel.

Le droit à la sûreté est un droit des citoyens face au pouvoir des gouvernements de poursuivre, d'accuser, d'emprisonner. C'est le droit à la présomption d'innocence, à la défense par un avocat, à la garantie judiciaire du respect des libertés individuelles face à l'absolutisme, à l'État policier. Mais le Parti socialiste semble l'avoir oublié et tout son programme est innervé, envahi par «le droit à la sécurité», qui est celui de voir la police, le sécuritaire investir tous les champs de la société.

Pour le Parti socialiste, tout doit «être renforcé» pour «produire de la sécurité», pour «définir des zones de sécurité prioritaires» et surtout pour «répondre à toutes les infractions». Il veut toujours plus de police en France, tant en présence policière sur le terrain qu'en accroissement (encore !) de ses pouvoirs. Il veut développer les polices municipales et étendre la fonction sécuritaire de l'école, de l'urbanisme, de la prévention de la délinquance.

Quant aux fichiers et à la vidéosurveillance, ces sujets n'intéressent absolument pas le PS : il se contente de dire que la vidéosurveillance n'est pas une solution miracle, mais qu'il faut la maintenir lorsqu'elle est utile. Bel exercice de lapalissade électorale.

Le programme des Verts Europe-Écologie dresse un bilan sévère et précis de la politique sécuritaire de l'UMP.

Très centré sur les questions de police, il propose de rompre avec l'obsession des statistiques policières et les abus de pouvoir, de renforcer l'indépendance de la justice, et opte pour l'indépendance des parquets. Il demande un *numerus clausus* pour les places de prison (un prisonnier = une place de prison) – ce qui serait en effet la seule solution à l'entassement dans les prisons françaises.

En matière de surveillance, les Verts Europe-Écologie demandent un moratoire sur la pose de caméras de vidéosurveillance, afin de mener une grande enquête sur leur efficacité. Ils envisagent seulement de « faire le tri » parmi l'ensemble des fichiers de police existants, de « limiter » (et non d'empêcher) leur interconnexion, et de garantir un droit effectif de correction et de retrait (mais non de limiter les inscriptions massives, et leur durée infinie).

Bref, *wait and see*, tel est le programme provisoire des Verts-Europe Écologie sur la société de surveillance, à l'été 2011[16], alors que de nombreux militants de ce parti se sont fortement et courageusement engagés dans des luttes, notamment contre le nucléaire et les OGM, où ils ont payé un fort tribut au fichage policier et aux condamnations pénales.

Ce sont essentiellement les partis du Front de gauche (parti communiste, Gauche unitaire, parti de gauche) qui développent un programme d'urgence pour les libertés.

Dans un chapitre du «programme partagé» intitulé «la République pour de vrai», le Front de gauche propose d'abroger toutes les lois sécuritaires votées depuis 2002, de garantir réellement l'indépendance de la justice en coupant tout lien du parquet avec l'exécutif, de régulariser les sans-papiers et «de protéger les citoyens face au fichage généralisé et à la vidéosurveillance».

Sortir de la société du soupçon.

Que devrait réaliser un gouvernement *décidé à vraiment agir* en matière de fichage et de surveillance ?

Installation de contre-pouvoirs

Création d'une Autorité indépendante européenne de la surveillance: la protection des libertés contre l'interconnexion des fichiers à l'échelle européenne exige la création d'une Autorité indépendante européenne, dotée de pouvoirs et de moyens conséquents à l'échelle de l'Union européenne.

Création d'un Conseil national des libertés, dont la CNIL ferait partie, désigné à la proportionnelle par les membres du Parlement.

Son rôle serait le suivant :

1) Dresser un bilan parlementaire de tous les fichiers et des techniques de surveillance, de leur coût et de leur efficacité. Doté de pouvoirs d'inspection, il devrait rendre un rapport *public biannuel,* comprenant des propositions et, si nécessaire, des injonctions adressées aux autorités publiques.

2) Contrôler la création de fichiers et de techniques de surveillance : la loi « Informatique et libertés » a créé la CNIL le 6 janvier 1978, mais ses pouvoirs ont été très réduits. Il faudrait établir l'autorisation préalable de la CNIL pour créer un fichier, doubler son personnel et son budget, car c'est le plus faible budget des autorités de contrôle en Europe, alors que son activité a augmenté de 500 % depuis 2003. Bref, il faudrait instaurer un contrôle préalable et réel de la CNIL.

En l'attente de la création du Conseil national des libertés, le Parlement devra adopter un moratoire sur la surveillance et le fichage, comme l'a fait la Grande-Bretagne pour la vidéosurveillance (rapport du Surveillance Studies Network du 6 décembre 2006).

Création d'un référé « vie privée et données personnelles » qui permettrait à toute personne de saisir le juge des libertés (JLD) pour se faire radier d'un fichier et obligerait le JLD à répondre dans le mois suivant la demande. Ce juge aurait un pouvoir d'investigation inopinée sur place, pourrait délivrer des injonctions et prononcer des sanctions financières.

Un véritable droit de la protection des données personnelles

Constitutionnalisation du principe de protection des données personnelles. Tout d'abord, la protection des données personnelles devrait être inscrite dans la Constitution, comme le propose la Ligue des droits de l'homme[17], avec inscription explicite du principe de protection des libertés et de la vie privée face aux technologies de surveillance, dans le domaine réservé à la loi par l'article 34 de la Constitution.

Constitutionnalisation du droit d'information sur ses données numériques personnelles, permettant à toute personne de saisir un juge afin qu'il informe l'intéressé dans les 48 heures du contenu de tous les fichiers le concernant.

Inscription dans la Constitution du principe de régulation de la collecte de données personnelles et de leur durée de conservation, au nom du respect de la vie privée[18].

Création d'une identité numérique, à côté de l'identité civile, qui supposerait :
– le principe du « consentement éclairé et révocable » du consommateur ou de l'internaute ;
– le développement de l'information sur les risques du fichage ;
– le développement d'une pédagogie de l'exposition de sa vie privée sur Internet, et notamment l'inscription, dans les programmes scolaires, d'une sensibilisation des élèves aux droits de la vie privée et aux risques induits par le brouillage entre vie privée et vie publique en termes de communication – « volontaire » mais éventuellement irréfléchie – de données personnelles sur des « réseaux sociaux » ;
– l'interdiction de la cession de données sans le consentement exprès des personnes.

Adoption de principes généraux dans une loi-cadre sur les fichiers

– *Principe d'inscription judiciaire dans un fichier,* sans aucune mention des opinions, de l'ethnie, du sexe ou de la religion des personnes. L'autorisation motivée d'un juge indépendant serait nécessaire, au lieu du principe actuel d'inscription automatique par la police.

La conséquence en serait le droit de saisir le juge pour se faire communiquer ses données personnelles et ordonner leur rectification ou leur effacement.

Les mineurs de moins de 16 ans ne pourraient pas être fichés. Les mineurs âgés de 16 à 18 ans ne pourraient l'être, en matière correctionnelle, que pour les seules atteintes graves aux personnes (punies de plus de 5 ans d'emprisonnement).

– *Principe de spécialité des bases de données*, qui entraîne l'interdiction d'affecter un fichier à plus d'une finalité, la limitation stricte du champ des « utilisateurs » et l'exclusion des interconnexions.

– *Principe de transparence :* notification immédiate du fichage et des droits du fiché, et du droit d'accessibilité et de recours pour les personnes concernées. Si ses droits n'ont pas été notifiés à la personne fichée, imposer la nullité automatique de la procédure de garde à vue, et l'effacement immédiat du fichage.

– *Principe d'effacement quinquennal des données*. Purge totale des fichiers de police et de gendarmerie tous les cinq ans sauf en matière criminelle, sous l'autorité de la CNIL, car les parquets se sont avérés incapables, faute de temps et de moyens, de remplir cette mission de contrôle.

Limitation à 5 ans de toute conservation de données informatiques, téléphoniques ou numériques.

– *Principe d'accès limité aux fichiers.* Aujourd'hui le fichier STIC, fait l'objet de 30 000 consultations par jour par les policiers et gendarmes. Il arrive, comme en témoignent des poursuites pénales, que les données personnelles du STIC soient portées à la connaissance des employeurs ou des bailleurs avant embauche ou location d'un logement.

Il faut donc limiter l'accès des fonctionnaires de police aux fichiers de personnes, en imposant une habilitation judiciaire pour les consultations.

* Discours lors de la réception, le 19 juin 2011, du prix international de Catalogne des écrivains.

1. Cité par Jean-Claude Vitran, dans «Filmer, ficher, enfermer» une note de la Fondation Copernic coordonnée par Évelyne Sire-Marin.
2. Loi d'orientation, de programmation et de performance de la sécurité intérieure.
3. Les maires sont très réticents à mettre en place ces Conseils des droits et devoirs des familles, désormais obligatoires pour les villes de plus de 50000 habitants. Depuis 5 ans, seules 17 villes sur 129 en ont créé un (Actes du colloque «Papa, maman, le maire et moi», 17 juin 2011).
4. Dans la nuit du 16 au 17 mai 2003, huit Grenoblois ont mené une action symbolique pour commémorer l'anniversaire de la Semaine sanglante de la Commune de Paris au cours de laquelle des centaines de communards furent tués par les troupes versaillaises, du 22 au 28 mai 1871. Ils ont remplacé les plaques de la rue Thiers de Grenoble par d'autres noms comme «Rue de la Commune de Paris», d'où leur appellation de «Contre-plaquistes». Arrêtés, ils sont restés en garde à vue pendant 16 heures. Leur intention n'était pas de s'approprier ces plaques mais de les remettre symboliquement au maire de Grenoble. Ils ont été déclarés coupables de vol aggravé et dispensés de peine. Deux ans plus tard, convoqués au commissariat de police pour prélèvement biologique en vue d'un fichage d'empreinte génétique, ils l'ont refusé. Dans un arrêt du 10 avril 2008, la Cour de cassation a constaté qu'il n'y avait pas lieu de ficher leur ADN au FNAEG (Fichier national automatisé des empreintes génétiques) en raison des dispenses de peine.
5. «Facebook, miroir magique», Philippe Rivière, *Le Monde Diplomatique*, décembre 2010.
6. Radio Frequency Identification. Michel Alberganti, *Sous l'œil des puces, la RFID et la démocratie*, Arles, Actes Sud, 2007.
7. article d'Agora vox du 16 août 2011.
8. Cf. note 4.
La France risque d'être condamnée, comme le fut l'Angleterre, pour l'existence de ce fichier (CEDH, Grande Chambre, « S. et Marper c. Royaume-Uni» (requêtes 30562/04 et 30566/04), 4 décembre 2008).
La Cour a condamné la Grande-Bretagne, estimant qu'il était trop attentatoire aux libertés de laisser dans des fichiers, pendant 25 ans, les données génétiques et empreintes digitales de personnes suspectées et *jamais condamnées*. La situation est exactement la même en France avec le FNAEG, où l'ADN est conservé de 25 à 40 ans. Beaucoup de personnes, bien que n'étant finalement jamais poursuivies devant un tribunal après la fin de l'enquête policière, restent dans le FNAEG, faute de contrôle du parquet sur les fichiers de police.
Dans l'affaire Marper, les requérants devant la CEDH se plaignaient, selon les articles 8 et 14 de la Convention, de ce que les autorités avaient conservé leurs empreintes digitales, échantillons cellulaires et profils génétiques après un acquittement. La Cour a constaté la violation de l'article 8 de la CEDH sur la protection de la vie privée et familiale, aux motifs que «la législation interne doit... ménager des garanties appropriées pour empêcher toute utilisation de données à caractère personnel qui ne serait pas conforme aux garanties prévues dans cet article». Elle observe que «la protection offerte par l'article 8 de la Convention serait affaiblie de manière inacceptable si l'usage des techniques scientifiques modernes dans le système de la justice pénale était autorisé à n'importe quel prix et sans qu'il soit procédé à une mise en balance attentive des avantages pouvant résulter d'un large recours à ces techniques, d'une part, et des intérêts essentiels s'attachant à la protection de la vie privée, d'autre part». La Cour considère que «tout État qui revendique un rôle de pionnier dans l'évolution de nouvelles technologies porte la responsabilité

particulière de trouver le juste équilibre en la matière» (§ 112), et que «l'État défendeur a outrepassé toute marge d'appréciation acceptable en la matière. Dès lors, la conservation litigieuse s'analyse en une atteinte disproportionnée au droit des requérants au respect de leur vie privée et ne peut passer pour nécessaire dans une société démocratique» (§ 125).

9. Voir l'excellent site de la LDH de Toulon sur la lutte du collectif anti-Edvige: www.ldh-toulon.net

10. Selon la CNIL, cet énorme fichier policier d'antécédents, où on reste pendant 25 à 40 ans dès qu'on est placé en garde à vue, comprend seulement 17 % de fiches exactes sur 30 millions.

11. FIJAIS, Fichier judiciaire automatisé des auteurs d'infractions sexuelles. Il entraîne, en cas de condamnation, une inscription automatique, que les juges ne peuvent écarter, variant de 10 à 30 ans, avec obligation de se présenter au commissariat tous les ans ou tous les 6 mois, après avoir effectué sa peine.

12. *Le Monde* du 8 août 2011. Ce nouveau fichier visera à combattre la fraude aux prestations sociales, thème obsessionnel de la droite populaire et du FN. Pourtant, en 2010, le coût du travail au noir était 70 fois plus lourd pour la Sécurité sociale (15,8 milliards d'euros de cotisations sociales non versées) que les prestations sociales «abusives».

13. La CNIL a vu son budget et ses pouvoirs considérablement réduits depuis sa création en 1978, alors que la multiplication des techniques de surveillance exigerait la création d'une autorité aux pouvoirs importants, dotée d'un budget conséquent.

14. En 2010, la gendarmerie avait même constitué un fichier ethnique illégal, baptisé MENS (Minorités ethniques non sédentarisées) attribuant à chacune des familles tsiganes, gitanes, manouches, classées par patronymes, des spécialités délinquantes (vols, recels,trafics…)

15. Art. 18 de la loi n° 2011-525 du 17 mai 2011 et articles 1er à 7 de la loi n° 2011-672 du 16 juin 2011.

16. Nous n'avons eu accès qu'aux documents publics et non définitifs du bilan d'étape des Verts-Europe Écologie de mars 2011 en vue de la préparation de leur programme présidentiel. Leur programme définitif permettra peut-être de modifier ou de corriger cette analyse.

18. L'arrêt d'assemblée du 26 octobre 2011 du Conseil d'État rappelle, en matière de protection des données personnelles, les classiques critères de nécessité, adéquation et proportionnalité aux finalités légitimes poursuivies: «Considérant qu'il résulte de l'ensemble de ces dispositions que l'ingérence dans l'exercice du droit de toute personne au respect de sa vie privée que constituent la collecte, la conservation et le traitement, par une autorité publique, d'informations personnelles nominatives, ne peut être légalement autorisée que si elle répond à des finalités légitimes et que le choix, la collecte et le traitement des données sont effectués de manière adéquate et proportionnée au regard de ces finalités.»

L'exception antiterroriste
William Bourdon[1]

Stigmatiser les dérives de la lutte contre le terrorisme en France est difficile, car il faut naviguer pour éviter tant le Charybde du tout sécuritaire que le Scylla de l'angélisme béat. Une partie de l'opinion publique, tout à fait républicaine et attachée aux principes, se satisfait assez bien de l'idée d'un moindre mal, soit le fait qu'au nom de la nécessité absolue de parer le risque terroriste, on puisse se permettre quelques entorses à ces mêmes principes. L'on aboutit ainsi, insidieusement, au paradoxe que les infractions les plus graves bénéficient des garanties procédurales les plus *light*.

À cela s'ajoute le fait qu'en France, il n'y aurait pas de régime d'exception, puisqu'aux dires de nos plus fins limiers, nous devrions être fiers d'être restés constamment dans le cadre d'une légalité de droit commun. En fait, comme le remarque fort justement Giorgio Agamben dans *Homo sacer*, ce respect apparent de la légalité la plus stricte s'effectue au prix d'un glissement de la procédure pénale française vers un état d'exception permanent. En effet, les poches « d'exceptionnalisme », c'est-à-dire les endroits où des principes, par exemple celui du procès équitable, ont été rabotés, ne résultent pas d'un état d'exception mais d'une addition de facteurs qui tiennent autant, sinon plus, à une certaine pratique judiciaire et policière qu'à la loi elle-même.

Quoi qu'il en soit, cette tension entre le niveau d'efficacité exceptionnel qu'exige la menace terroriste et la préservation des fondamentaux de l'État de droit est au cœur d'une jurisprudence, maintenant bien étoffée, de la Cour européenne des droits de l'homme (CEDH). Son examen nous apparaît opportun, en forme d'introduction aux développements qui vont suivre.

Une jurisprudence protectrice des libertés publiques

Toute la jurisprudence de la CEDH est traversée par le souci de résoudre le dilemme qu'imposent le respect des grands principes protecteurs des droits de l'individu et la nécessité parfois de clauses dérogatoires, en cas de très grave menace à l'ordre public. On retiendra que dans l'affaire Lawless[2], la CEDH l'a définie comme une « situation de crise ou de danger exceptionnel et imminent qui affecte l'ensemble de la population et constitue une menace pour la vie organisée de la communauté composant l'État ».

Pour déterminer si les mesures prises sont bien exigées par la situation, la CEDH tient compte de trois critères :

– d'abord, elle évalue si des dérogations sont nécessaires pour faire face à la menace qui pèse sur la vie de la nation ;

– ensuite, elle vérifie si les mesures prises ne sont pas plus importantes que ne l'exige l'urgence : il s'agit d'un critère essentiel de proportionnalité ;

– enfin, elle détermine la durée des mesures de dérogation.

En outre et en parallèle, dans les situations qui ne sont pas exceptionnelles, la CEDH joue pleinement son rôle de gardienne des libertés fondamentales, et permet une harmonisation des pratiques judiciaires :

la garde à vue « à la française », qui réduisait l'assistance de l'avocat à une simple visite de courtoisie de 30 minutes à l'issue de 72 heures (3 jours) de garde à vue, a vécu grâce à la CEDH. En effet, la Cour a souligné à plusieurs reprises que les personnes placées en garde à vue étaient potentiellement exposées à des brutalités de la part des agents publics, et qu'il incombait aux autorités de les protéger contre le risque de torture et de mauvais traitements. Dans plusieurs affaires, la Cour a établi que la France avait violé l'article 3 de la Convention européenne des droits de l'homme, qui interdit la torture et les traitements cruels, inhumains ou dégradants.

Il fallait donc mettre un terme au paradoxe suivant lequel plus l'infraction était grave, plus l'accès à l'avocat était retardé. C'est chose faite depuis que l'assemblée plénière de la Cour de cassation[3], prenant acte des condamnations portées par la CEDH, a imposé que « toute personne placée en retenue douanière ou en garde à vue doit, dès le début de ces mesures, être informée de son droit de se taire et, sauf exception justifiée par des raisons impérieuses tenant aux circonstances particulières de l'espèce, pouvoir bénéficier, en l'absence de renonciation non équivoque, de l'assistance d'un avocat ». Il reste cependant un écart substantiel avec la jurisprudence la plus récente de la CEDH[4] : l'avocat, présent lors de la garde à vue, ne dispose pas d'accès au dossier de la procédure. La France est donc toujours sous la menace d'une censure par la Cour européenne des droits de l'homme.

Cependant, si la CEDH joue son rôle de gardienne des libertés, la jurisprudence européenne est dite évolutive. Si cette approche a l'avantage de « garantir des droits effectifs et non théoriques », elle a l'immense inconvénient de faire évoluer le contenu des droits et libertés garantis par la Convention européenne des droits de l'homme. Cette évolution peut ne pas toujours se faire pour le meilleur. Si bien qu'aujourd'hui, on peut se demander ce que dirait la CEDH face à des mesures de dérogation lourdes que prendrait par exemple la France, face à la répétition d'attentats massifs à Paris ou dans d'autres villes.

En effet, de plus en plus d'États, « démocratiques » par ailleurs, franchissent allègrement la ligne rouge : depuis les *extraordinary renditions* (« remises extraordinaires »), c'est-à-dire *l'interpellation, sans mandat d'arrêt judiciaire, de suspects n'importe où dans le monde pour les conduire dans des prisons secrètes*[5], jusqu'à l'utilisation de méthodes d'interrogatoire qui se rapprochent de la torture, au maintien en détention de prisonniers sans la moindre charge notifiée[6] ou à l'institution (plus ou moins légale) de tribunaux militaires d'exception.

Ainsi, l'idée qu'une lutte efficace contre le terrorisme passe par l'abandon de certains principes semble partagée par nombre d'États, même parmi les plus légalistes sur d'autres plans. Ainsi, un ministre de la Justice britannique, Kenneth Clarke, après les attentats dans le métro de Londres de juillet 2008, vantait les mérites d'une prolongation de la garde à vue, sans présence d'un avocat, pour une durée de 90 jours. Il raillait la CEDH, en proposant que sa jurisprudence, s'il le fallait, soit mise au panier.

Déjà, au cours d'un colloque tenu à Berlin, à la fin des années 1990, Günter Jakobs, professeur de droit, avait proposé de distinguer entre le droit pénal des citoyens et le droit pénal de ceux qu'il appelait *les ennemis de l'ordre public* : « Celui qui veut être traité comme une personne doit de son côté donner un certaine garantie explicite qu'il va se comporter comme une personne. Si cette garantie fait défaut, même si elle est formellement refusée, le droit pénal n'est plus la réaction de la société contre l'un de ses membres, mais devient la réaction contre un ennemi.»

Alan Dershowitz, professeur de droit à Harvard, est encore plus explicite: «Personne ne pourrait justifier le sacrifice de millions de vies pour épargner à un meurtrier psychopathe un moment bref d'intense douleur, qu'il peut arrêter par son propre choix. Quand la menace est si énorme et la solution si simple, nous sommes tous dans le camp du personnage de Shakespeare selon lequel il n'y a pas de vertu plus grande que la nécessité[7].»

Cette doctrine, si elle ne fleurit pas encore en Europe, peut se répandre par un effet de contagion négative. L'une des grandes questions est de prédire l'endroit où les gardiens des principes du procès équitable que sont les juges de la CEDH mettraient le curseur, face à la multiplication d'attentats en Europe et à la multiplication de régimes dérogatoires instaurés dans la précipitation par les pays victimes de ces attentats.

Au soutien de cette nouvelle doctrine, une figure remise au goût du jour: l'ennemi de l'intérieur.

Un nouveau poison: l'ennemi de l'intérieur

C'est bien cette figure de l'ennemi de l'intérieur, relayant l'ennemi de l'extérieur, qui a fait irruption d'abord dans le discours des néoconservateurs américains sous le règne de Georges W. Bush, et ces dernières années au sein d'une petite communauté de sociologues ralliés à Nicolas Sarkozy.

Cette figure est parfaitement cohérente avec la stratégie de l'émotion mise en musique par Sarkozy depuis le début de son quinquennat, et précédemment lorsqu'il était ministre de l'Intérieur. Elle est à l'origine de nouveaux langages.

Derrière l'ennemi de l'intérieur, une autre figure se dessine, prégnante dans l'imaginaire collectif, celle du barbare, du déviant, celle qui constitue en contrepoint un paradigme dans le discours de nos décideurs publics depuis plusieurs années, que cela soit dans le champ de la politique migratoire, pénitentiaire, ou depuis peu dans celui des modalités d'enfermement des malades psychiatriques.

On a entendu en effet certains dirigeants des services secrets français substituer à la notion de détention provisoire la notion de détention préventive.

Ces dérives ont conduit certains juristes à estimer que la grave menace que fait peser l'hyperterrorisme permet, de façon invisible et donc insidieuse, de faire accepter par l'opinion publique une forme d'État d'exception latent, ou l'existence de poches « d'exceptionnalisme », avec pour résultat un rétrécissement des libertés publiques et un désamorçage de toute possibilité de critique et de protestation[8].

L'exemple le plus typique de cet état d'exception permanent et légalisé est le délit *d'association de malfaiteurs en lien avec une entreprise terroriste.*

Une arme sans pareil : le délit d'association de malfaiteurs

En France, grâce à l'introduction dans le code pénal du délit d'association de malfaiteurs en relation avec une entreprise terroriste, on se targue d'une efficacité sans pareille de nos services de police et judiciaires dans la lutte contre le terrorisme, qui ferait pâlir de jalousie le FBI et la CIA et leurs homologues européens.

Marc Trevidic, qui a pris le relais de Jean-Louis Bruguière dans des dossiers extrêmement lourds (affaires de Karachi, des moines de Tibhirine, etc.) s'exprime comme suit : « Les Américains sont assez admiratifs de l'association de malfaiteurs et du juge d'instruction. C'est un système souple qui peut être vu comme un avantage ou comme un risque, selon le point de vue. Dans beaucoup de pays, c'est plus difficile. Pourquoi ont-ils fait Guantanamo ? Parce qu'avec leur système judiciaire, ils sont dans l'impossibilité de faire les choses efficacement en matière de lutte antiterroriste. C'est pour cela qu'ils ont fait des choses encore pire. Si la justice antiterroriste n'est pas assez efficace, on se passe d'elle. En Grande-Bretagne, c'est pareil[9]. »

Le point de vue a une certaine logique, mais la réalité est plus complexe et l'effet repoussoir des pratiques américaines, voire anglaises, ne doit pas empêcher le regard critique que nous inspire la pratique française.

Avant de revenir sur les effets pervers de l'utilisation massive du délit d'association de malfaiteurs, retraçons brièvement son histoire. Jusqu'en 1981, les crimes et délits contre les intérêts fondamentaux de la nation, dont le terrorisme et l'espionnage, étaient jugés par une juridiction spécialisée, la Cour de sûreté de l'État. Cette Cour était devenue un symbole de la répression politique et la cible des organisations de défense des droits de l'homme. Sa suppression fut l'une des premières mesures décidées par le gouvernement de Pierre Mauroy.

À la suite des premières vagues d'attentats entre 1982 et 1986, Jacques Chirac et Charles Pasqua firent voter une loi « relative à la lutte contre le terrorisme et aux atteintes à la sûreté de l'État » (9 septembre 1986) qui devait restructurer profondément les dispositifs antiterroristes. C'est à cette date que les affaires de terrorisme furent centralisées entre les mains d'une section du parquet de Paris (la 14e section). En même temps furent créés des cabinets de juges d'instruction spécialisés. Ainsi, la spécialisation judiciaire et policière en matière de terrorisme était actée dans les institutions. Les gardes à vue furent portées de 48 à 96 heures et l'entretien avec un avocat retardé à la 72e heure. Ce régime n'a plus changé depuis.

On se souvient que la notion de « lien avec une entreprise terroriste » avait suscité beaucoup de réserves de la part de la doctrine. Mais le Conseil constitutionnel la considéra comme suffisamment précise pour être constitutionnelle et c'est ainsi que, le 22 juillet 1992, fut introduit dans le code pénal le délit spécifique d'association de malfaiteurs en relation avec une entreprise terroriste.

De nouvelles lois devaient épaissir notre arsenal juridique : notamment la loi du 8 février 1995 (la prescription des faits de terrorisme était portée à 20 ans pour les délits et à 30 ans pour les crimes) et celle du 22 juillet 1996, par laquelle étaient autorisées, dans certaines conditions, des perquisitions policières sans le consentement des intéressés, y compris de nuit.

Enfin et surtout, le fait de participer à *un groupement formé ou une entente établie en vue de la préparation, caractérisée par un ou plusieurs faits matériels d'un des actes de terrorisme mentionnés dans la loi de 1986* était désormais considéré comme un acte de terrorisme en soi, passible d'une peine de 10 ans d'emprisonnement.

C'est cette disposition précise qui portait en elle les germes de graves violations des principes du procès équitable.

Même si les lois post-11 septembre ne sont pas toutes directement applicables à la lutte antiterroriste, de nombreuses dispositions devaient renforcer l'instrument mis à la disposition des services français, comme l'extension de la fouille de véhicules, l'infiltration policière, le contrôle des communications.

Mais une nouvelle étape a été franchie avec la loi *relative à la lutte contre le terrorisme et portant dispositions diverses relatives à la sécurité et au contrôle frontalier* (23 janvier 2006). Par cette loi, c'est l'usage de la vidéosurveillance qui faisait son entrée dans l'arsenal juridique français. De même – on l'a parfois oublié –, elle autorisait l'ouverture du feu sur un véhicule refusant de s'arrêter à un barrage.

Cette loi centralisait l'aménagement des peines des personnes condamnées pour faits de terrorisme auprès du tribunal de l'application des peines de Paris. Les gardes à vue étaient prolongées de 48 heures supplémentaires, ce qui les portait à 6 jours.

Le délit d'association de malfaiteurs en relation avec une entreprise terroriste devenait un crime désormais passible de 20 ans d'emprisonnement.

À entendre certains de nos policiers, et parfois des juges antiterroristes, l'efficacité de ce système français devrait être d'autant plus vantée qu'elle ne s'accompagnerait jamais – contrairement aux États-Unis et à la Grande Bretagne – de coups de canif aux principes qui gouvernent le procès équitable.

Les causes de l'insécurité juridique d'un suspect face à un policier ou un juge antiterroriste sont évidemment multiples et liées à l'interaction complexe de plusieurs facteurs.

Certes, la loi française – comme on vient de le voir – potentialise les risques de dérapage, mais il faut aussi tenir compte d'une culture judiciaire aveuglée par la logique de résultat, qui devient quasi obsessionnelle face à la menace d'attentats.

Ce qui est au cœur des excès de la pratique française est bien exposé par un ancien magistrat instructeur du pôle antiterroriste français, Jean-François Ricard, qui, à propos du procès Beghal[10], s'exprimait comme suit, le 9 mai 2005, selon les informations révélées par Wikileaks : « Les preuves contre Djamel Beghal n'auraient pas suffi normalement à le faire condamner, mais ils y sont parvenus grâce à la réputation de la section antiterroriste[11]. »

Tout est dit.

Un jour, dans une conversation avec Jean-Louis Bruguière, je voulais savoir s'il assumait l'existence de victimes collatérales dans la lutte contre le terrorisme : soit le fait que des dizaines de jeunes gens, le plus souvent « immigrés de la troisième génération », avaient été jetés en prison, pour être ensuite parfois, au bout d'une longue détention provisoire, relaxés ou bénéficier d'une ordonnance de non-lieu. D'évidence, l'Amiral, car tel était son surnom, assumait pleinement de tels dommages collatéraux.

La vraie dérive, c'est celle qui conduit :

– d'une part, à l'utilisation de la détention provisoire comme une détention « pour voir », c'est-à-dire une détention préventive face à la menace d'attentats ;

– d'autre part, à une détention qui vise à obtenir des aveux.

Nous avons été plusieurs avocats à dénoncer l'existence d'une *présomption de culpabilité* qui se substitue à la présomption d'innocence – mais aussi une forme de culpabilité liée à une proximité avec la mouvance de l'islamisme armé.

C'est vainement que nous avons tenté d'obtenir la relaxe des Français détenus à Guantanamo, en arguant que la proximité avec le diable n'en faisait pas des apprentis sorciers.

Nous sommes persuadés que des dizaines de jeunes gens, par naïveté ou curiosité mal placée, se sont trouvés au mauvais endroit au mauvais moment, que ce soit en Afghanistan ou dans les mosquées du nord de Paris, sans pour autant adhérer ni directement ni indirectement à un projet terroriste. Mais cette proximité a pu conduire à ce qu'ils soient placés en détention provisoire pour association de malfaiteurs en relation avec une entreprise terroriste.

C'est le caractère évidemment trop abstrait de la définition de l'association de malfaiteurs, particulièrement lorsqu'elle est en relation avec une entreprise terroriste, qu'il faut dénoncer. D'autant que manque une définition universellement admise du terrorisme. Il faut donc porter une attention toute particulière à cette définition.

Éviter toute extension de la définition du terrorisme

Un consensus existe aujourd'hui pour admettre que cette infraction doit être limitée à ceux qui, pour l'essentiel, visent à provoquer des dommages à l'intégrité physique des personnes et non pas des biens.

Dire le contraire, c'est prendre le risque demain, dans un climat de forte tension sociale, d'hypercriminaliser ceux qui constitueraient la frange la plus radicale du syndicalisme français ou européen. En effet, si tous les actes de dégradation doivent être réprimés par le droit pénal, il est particulièrement dangereux de leur appliquer des règles dérogatoires de procédures pénales comme celles prévues pour le terrorisme.

De ce point de vue, l'incrimination des présumés auteurs des sabotages de la SNCF (groupe dit de Tarnac) pour association de malfaiteurs en relation avec une entreprise terroriste constitue un grave précédent. En effet, les faits qui leur sont reprochés se limitent à une tentative de détérioration de biens publics : à aucun moment, de l'avis de tous, il n'y a eu le moindre risque pour l'intégrité physique des voyageurs.

Consciente de ce risque de dérive, l'ONU considère que le cœur de l'infraction de terrorisme réside dans l'attaque *délibérée et indéterminée contre les civils avec l'intention de tuer*[12]. La Convention internationale pour la répression du financement du terrorisme du 9 décembre 1999 fait également du *choix délibéré de la population civile comme cible des attaques le cœur de la notion de terrorisme*[13].

Ainsi, l'analyse tant de la doctrine internationale que des textes contraignants de droit international cités ci-dessus implique que seule l'attaque délibérée contre des civils est, en tous les cas, injustifiable.

Or, en vertu de l'article 55 de la Constitution, les engagements internationaux priment sur le droit interne, qui doit donc se conformer aux conventions internationales régulièrement ratifiées. Ainsi, la notion d'*entreprise individuelle ou collective ayant pour but de troubler gravement l'ordre public par l'intimidation ou la terreur* ne peut s'interpréter que comme une entreprise qui aurait pour objectif de tuer ou blesser grièvement autrui. Cette analyse est d'ailleurs partagée par la majorité de la doctrine.

À titre d'exemple, la définition du terrorisme que donne Gilbert Guillaume, juge de la Cour internationale de justice, est éclairante : le terrorisme implique « l'usage de la violence dans des conditions de nature à porter atteinte à la vie des personnes ou à leur intégrité physique dans le cadre d'une entreprise ayant pour but de provoquer la terreur en vue de parvenir à certaines fins ».

Le gouvernement français donne une définition assez approchante dans le *Livre blanc sur la sécurité intérieure face au terrorisme* paru en 2006 : « Tout acte qui vise à tuer ou à blesser grièvement des civils ou des non combattants et qui, du fait de sa nature ou du contexte dans lequel il est commis, doit avoir pour objet d'intimider une population ou de contraindre un gouvernement ou une organisation internationale à agir ou renoncer à agir d'une façon quelconque.»

Légitime défense

Pour mieux mesurer les enjeux de demain, il faut revenir sur ce qu'ont été les fondements des résolutions prises par le Conseil de sécurité à la suite des attentats du 11 septembre 2001.

Retenons tout d'abord que les résolutions 1363 et 1378 du Conseil de sécurité évoquaient le terrorisme sans le définir, ce qui ouvrait la porte à mille interprétations, et donc à l'arbitraire.

Ces résolutions parlaient aussi de légitime défense – droit inhérent de légitime défense individuelle ou collective, conformément à la Charte des Nations unies. Mais c'est une conception très large de la légitime défense qui était adoptée : une attaque décalée par rapport à l'agression, sur un territoire dont on présume qu'il est la base d'opération des agresseurs, est dans le meilleur des cas une opération de représailles et non pas une action en légitime défense.

Cette extension de la légitime défense, passée relativement inaperçue compte tenu de l'unanimité planétaire après les attentats du 11 septembre 2001, n'est pas anodine. Elle est d'ailleurs au cœur des bases juridiques qui ont été avancées par les autorités américaines pour justifier l'exécution extrajudiciaire de Ben Laden, le 1er mai 2011.

L'adoption par la Commission européenne d'un dispositif antiterroriste inspiré du modèle américain pose de sérieux problèmes. Par exemple, l'Union européenne s'est dotée d'un système de gestion des données personnelles des passagers aériens, en provenance ou à destination de l'Union européenne, analogue à celui que les États-Unis ont mis en place après les attentats du 11 septembre 2001. Les compagnies aériennes doivent maintenant transmettre aux autorités 19 catégories de données fournies par les passagers lors de l'achat du billet, dont les adresses e-mail, les numéros de téléphone ou le moyen de paiement des billets. Ces informations peuvent être conservées pendant 15 ans.

Un sujet tabou : la centralisation des affaires de terrorisme à Paris.

La France centralise l'intégralité des affaires de terrorisme auprès d'organes parisiens spécialisés en la matière, tant au stade de l'enquête (services de police, DCRI ou SDAT), qu'au niveau du parquet (section P2), de l'instruction (galerie Saint-Éloi), ou des jugements.

En conséquence, les hommes et les femmes chargés de la lutte antiterroriste en France se connaissent tous, ce qui induit sinon une connivence, du moins une proximité gênante entre les juges d'instruction chargés d'instruire à charge et à décharge, et les services de police.

Cette centralisation s'impose-t-elle vraiment ? On est en droit de se le demander : même si certains juges qui y travaillent sont remarquables, la logique de bunker ne fabrique-t-elle pas une psychologie judiciaire spécifique, à l'origine de certaines dérives ?

Si l'on veut mettre un terme à la centralisation de toutes les affaires de terrorisme à Paris, il n'y a aucune raison que ne soient pas constituées des équipes de procureurs et de juges d'instruction dans les principales régions sur le modèle des JIRS (juridiction interrégionale spécialisée). La complexité et la gravité des infractions justifient également que les dossiers soient réellement suivis par un collège de trois magistrats.

Quant à la cour d'assises spéciale, composée exclusivement de magistrats professionnels, on rappellera que le Conseil constitutionnel, saisi de la constitutionnalité de la loi de 1986, avait estimé que « par sa composition, cette cour d'assises présente les garanties requises d'indépendance et d'impartialité », ajoutant que « devant cette juridiction, les droits de la défense sont sauvegardés ».

L'on aboutit donc à un paradoxe qui, d'ailleurs traverse l'intégralité de la lutte contre le terrorisme : les infractions les plus graves sont censées être jugées directement par le peuple, garantie contre l'arbitraire ; or, pour le crime le plus grave – ou présenté comme tel – l'on se dispense de cette garantie pourtant présentée comme fondamentale.

Comme on le voit, les risques ne résident pas dans le passage d'un état de légalité parfaite à un état d'exception, mais plutôt dans une érosion clandestine des principes essentiels qui garantissent le procès équitable.

Pour un renforcement des droits de la défense :

Renforcer les droits de la défense en la matière implique, *a minima*, de les aligner sur les droits reconnus à l'ensemble des mis en cause de « droit commun ». Ainsi, entre autres, la présence de l'avocat ne devrait pas pouvoir être retardée et la cour d'assises devrait être composée de jurés populaires.

En outre, le chantier permanent que représente la procédure pénale française devrait nécessairement conduire à de nombreuses réformes parmi lesquelles l'évidente nécessité, au regard du droit européen, de donner un accès à l'entier dossier de procédure dès le stade de la garde à vue.

Enfin, rappelons que divers rapports d'organisations de défense des droits de l'homme (HRW et Amnesty International entre autres) stigmatisent les mauvais traitements infligés lors des gardes à vue antiterroristes en France ; que la Grande-Bretagne a refusé pendant de longues années d'extrader M. Rabah Kadri, financier du projet d'attentat contre le marché de Noël de Strasbourg, en se fondant sur les risques de traitements inhumains et dégradants lors de son incarcération en France.

Il suffirait d'imposer que les gardes à vues antiterroristes soient systématiquement filmées (comme cela est déjà le cas, par exemple pour les mineurs) pour que soit instauré le meilleur des boucliers contre les risques de mauvais traitements, toujours possibles lorsque priment les logiques d'efficacité.

Pour un ministère public indépendant

Depuis de nombreuses années, la question de l'indépendance du parquet français est un serpent de mer.

Cette question a ressurgi à l'occasion des arrêts Medvedyev[14] et Moulin[15], par lesquels la Cour européenne des droits de l'homme a condamné (puis confirmé en Grande chambre, l'équivalent de la procédure d'appel de la CEDH) la France en considérant que les membres du parquet ne constituaient pas un magistrat au sens de l'article 5§3 de la Convention, en ce qu'ils ne présentaient pas les garanties d'indépendance requises.

Cette dépendance du parquet vis-à-vis du pouvoir politique est d'autant plus gênante en matière anti-terroriste que la centralisation à Paris est un facteur évident de porosité. En outre, la lutte contre le terrorisme qui, d'évidence, a une forte dimension politique, est donc d'autant plus susceptible d'être affectée par une immixtion du politique dans la bonne marche de la justice.

La nécessaire indépendance des juges doit se comprendre à la fois vis-à-vis des divers pouvoirs constitués (l'indépendance externe) mais également entre magistrats (l'indépendance interne).

Pour un véritable service public de la défense

Il est patent – et il suffit pour s'en rendre compte de passer quelques matinées aux audiences de comparution immédiate – que la défense d'office n'est pas toujours à la hauteur des enjeux. Certains pensent que cela serait dû à la piètre qualité des défenseurs. Pour ma part, je connais assez de confrères de qualité qui n'ont simplement pas le temps, pourtant nécessaire, d'analyser les dossiers afin de permettre une véritable défense.

Cette évidente absence de moyens – et pas exclusivement financiers – de la défense d'urgence est encore plus flagrante en matière terroriste. Dans ces affaires, il n'est pas rare que le dossier de procédure contient plusieurs dizaines de tomes (donc plusieurs dizaines de fois 10 à 15 cm de papier). Peut-il sérieusement être soutenu qu'une personne – quelles que soit ses compétences par ailleurs – puisse dans les conditions actuelles d'aide juridictionnelle prendre connaissance de ces dossiers tentaculaires et apporter une contradiction sérieuse aux représentants du parquet qui disposent, pour leur part, de tout le temps nécessaire.

Pour une meilleure définition du terrorisme :

Le code pénal définit le terrorisme comme un inventaire à la Prévert d'infractions (des atteintes volontaires à la vie jusqu'au vol en passant par le blanchiment et le recel) dès lors qu'elles sont en « relation avec une entreprise individuelle ou collective ayant pour but de troubler gravement l'ordre public par l'intimidation ou la terreur ».

L'absence de définition précise de cette notion permet une interprétation extensive, porte ouverte à certains abus.

L'affaire dite de Tarnac est typique de ces dérives : comment est-il possible de considérer que poser des fers à béton sur l'alimentation électrique d'un train revêt un quelconque caractère terroriste ? Rappelons à cet égard qu'il est incontestable et d'ailleurs incontesté que ce « sabotage » n'a jamais été de nature à porter atteinte à l'intégrité physique de qui que ce soit.

Ainsi, il est des plus nécessaires d'indiquer dans le code pénal que le terrorisme ne peut s'entendre, comme le préconisent d'ailleurs les Nations unies et la doctrine internationale, que dans les cas d'atteintes graves à la vie.

Pour une décentralisation de l'antiterrorisme :

Comme vu précédemment, les dossiers terroristes sont tous centralisés sur Paris. Si cette centralisation permet une spécialisation des acteurs, elle est également la source de dangers.

En effet, cette centralisation est porteuse, en germe, d'effets pervers, parmi lesquelles les trop grands liens personnels qui peuvent se créer entre les magistrats du siège et les services enquêteurs. Tout ceci, nous en avons été témoins, même s'il faut se garder de généraliser, peut créer des liens de connivences et donc des fonds communs d'évidence…

En outre sur le plan de l'efficacité, les terrorismes régionaux (Corse, basques et bretons) exigent une connaissance intime du terrain qu'il est bien évidemment plus difficile d'acquérir dans un bureau parisien que localement.

1. Ce texte a été écrit en collaboration avec Joseph Breham.
2. Affaire Lawless c. Irlande. Arrêt du 1er juillet 1961 (Série A, n° 3).
3. Cass; ass. plén. 15 avril 2011, 4 arrêts (n° P10-17.049; F 10-30.313; J 10-30.316 & D 10-30.242).
4. cf. V.H Matsopoulo, «Une réforme inachevée – à propos de la loi du 14 avril 2011», *JCP 2011*, n° 219, p. 542.
5. Giulietto Chiesa «L'archipel des prisons secrètes de la CIA» *Le Monde Diplomatique*, août 2006, p. 4.
6. Ainsi par exemple de la détention depuis 3 ans de M. Ali al-Marri, sans que la moindre charge ne lui ait été notifiée ou qu'il ne soit poursuivi. Dossier complet sur ce cas disponible sur: http://web.amnesty.org/library/index/engamr510952006.
7. Steve Chapman, *Washington Times*, cité par Alan M. Dershowitz, *Why Terrorism Works*, Yale University Press, p. 105.
8. Voir l'ouvrage *Au nom du 11 septembre. Les démocraties à l'épreuve de l'anti-terrorisme*, éd. La Découverte, 2008, chapitre «Le contre-terrorisme global: guerre et surveillance généralisées».
9. http://www.rue89.com//entretien/2010/06/12je-suis-un-juge-cowboy-qui-sinteresse-aux-indiens-154449
10. Un islamiste condamné à une peine de 10 ans pour un projet d'attentat contre l'ambassade américaine.
11. http://cablegate.wikileaks.org/cable/2005/05/05PARIS3118.html
12. Opinion du juge Pieter Hendrik Kooijmans (Avis consultatif de la Cour internationale de justice, «Conséquences juridiques de l'édification d'un mur dans le territoire palestinien occupé», 8 décembre 2003).
13. Ainsi, son article 2 pose pour principe que «commet une infraction au sens de la présente convention toute personne qui, par quelque moyen que ce soit, directement ou indirectement, illicitement et délibérément, fournit ou réunit des fonds dans l'intention de les voir utilisés ou en sachant qu'ils seront utilisés, en tout ou partie, en vue de commettre [un des actes contenus dans les 14 conventions sectorielles] ou tout autre acte destiné à tuer ou blesser grièvement un civil ou toute autre personne qui ne participe pas directement aux hostilités dans une situation de conflit armé [...]».
14. Medvedyev et autres c. France Grande Chambre (Requête [GC], n° 3394/03.
15. Affaire Moulin c. France (requête n° 37104/06).

Violence d'État et droit international

Géraud de la Pradelle

Un grand nombre d'instruments juridiques internationaux prétendent garantir les droits de l'homme[1] et même de l'enfant[2], humaniser les conflits armés[3], réprimer le génocide[4], les crimes contre l'humanité, les crimes de guerre et, à partir de 2017, « l'agression[5] ». Enfin, la « Communauté internationale » proclame que la « responsabilité de protéger » sa population incombe à chaque État et se dit prête à prendre, en cas de défaillance, les mesures nécessaires[6].

Dès lors, on pourrait penser que le droit international donne aux individus – et particulièrement en France – les moyens de se protéger sinon de toute violence d'État, du moins de certains de ses excès.

Une fois retracée sommairement une lente évolution, qui fut longtemps positive mais dont l'aboutissement actuel n'est guère encourageant, une réponse nuancée s'impose.

Bref historique

Jusqu'à la seconde moitié du XIXe siècle, aucune norme internationale ne visait à limiter sérieusement l'exercice de la violence d'État. La consultation du traité fondamental de Grotius – *Du droit de la guerre et de la paix* (1625[7]) – révèle qu'au XVIIe siècle, en droit strict, tous les moyens de nuire à l'ennemi étaient permis, sauf peut-être d'empoisonner les sources et de porter la main sur des plénipotentiaires. Ainsi, la matière relevait essentiellement du droit interne et des juridictions nationales, même lorsque la force était employée à l'extérieur des frontières, ou encore, dans l'ordre interne, contre des ressortissants étrangers. Cette situation demeure le modèle à partir duquel raisonnent les juristes.

Sans doute, ce modèle a-t-il été progressivement rectifié à partir du XIXe siècle et, surtout, du XXe siècle, mais ce fut toujours à la marge et d'ailleurs, depuis quelques années, le mouvement pourrait bien s'être inversé.

La phase de progrès

Pendant près d'un siècle et demi, des normes internationales de plus en plus ambitieuses ont été successivement adoptées qui visaient à encadrer l'exercice d'une violence d'État en principe légitime.

Dès la fin du XIXe siècle, dans les pays de l'Occident chrétien, la violence militaire exercée entre États est devenue telle qu'un discours humanitaire fortement critique s'est développé, accompagnant l'apparition d'institutions caritatives privées. On connaît l'action d'Henri Dunant, créateur du Comité international de la Croix-Rouge au lendemain de la bataille particulièrement sanglante de Solférino. Il s'agissait principalement d'interventions charitables mais aussi de poser des règles juridiques. Par contraste, l'expansion coloniale au cours de la même période n'a pas suscité d'indignation comparable, et par conséquent aucune réglementation humanitaire internationale n'a vu le jour en la matière.

Les premières normes de droit international humanitaire concernèrent donc les conflits armés entre États. Elles furent adoptées par voie de traités :

inspirée par Dunant, la première Convention de Genève du 22 août 1864 visait à « l'amélioration du sort des blessés et des malades dans les armées en campagne » et protégeait essentiellement les militaires.

Il fallut attendre la Convention de La Haye du 29 juillet 1899 « concernant les lois et coutumes de la guerre sur terre » pour que soit également ébauchée la protection des populations civiles. Son article 24 prohibait l'attaque des « villes, villages, habitations ou bâtiments qui ne sont pas défendus ». Ses articles 28 et 47 interdisaient le pillage, et ses articles 43 à 56 tempéraient le régime d'occupation des territoires ennemis. Légèrement complétées, les dispositions de cette Convention de 1899 seront réitérées par la Convention IV de La Haye du 18 octobre 1907. Intégrées dans un « Règlement » annexe, elles ont aujourd'hui valeur « coutumière » – ce qui signifie qu'elles sont censées obliger même les États qui n'y ont pas formellement adhéré[8].

À la suite de la Première Guerre mondiale, le 27 juillet 1929, deux nouvelles Conventions de Genève vinrent compléter celle de 1864 : l'une portant sur le sort des blessés, l'autre sur le traitement des prisonniers de guerre.

Toutefois, le « droit de Genève » n'a pas concerné « la protection des personnes civiles en temps de guerre » avant l'adoption de la IVe Convention du 12 août 1949 dont les dispositions furent non seulement complétées et élargies, mais encore étendues à certains conflits non internationaux par le second des Protocoles additionnels du 8 juin 1977[9].

Il reste que, jusqu'au lendemain de la Seconde Guerre mondiale, la définition et la répression des infractions au droit régissant les conflits armés relevaient exclusivement des législations et des juridictions nationales. Le texte des Conventions de Genève de 1949 est des plus nets à cet égard: «Les Hautes Parties contractantes s'engagent à prendre toute mesure législative nécessaire pour fixer les sanctions pénales adéquates à appliquer aux personnes ayant commis ou donné l'ordre de commettre, l'une ou l'autre des infractions graves à la présente Convention définies à l'article suivant[10].»

C'est au cours d'une seconde étape, relativement tardive, qu'a vu le jour une répression proprement internationale de certains des excès de la violence d'État. En effet, après la guerre de 1914-1918, la tentative d'instituer une juridiction pénale, sœur jumelle de la Cour permanente de justice internationale[11], avait échoué.

Il fallut donc attendre la fin de la Seconde Guerre pour qu'apparaissent, d'une part l'ébauche de normes internationales de nature spécifiquement pénale, et d'autre part les juridictions internationales chargées de les appliquer. L'Accord de Londres du 8 août 1945 incriminait des «crimes contre la paix», des «crimes de guerre» et des «crimes contre l'humanité», imputables aux «grands criminels des pays européens de l'Axe». Pour juger ces derniers, il instituait un «tribunal militaire international» qui allait siéger à Nüremberg. Conformément au modèle classique, les criminels de moindre envergure devaient comparaître devant les juridictions nationales statuant en application de leur propre législation inspirée de l'Accord de Londres[12].

Le 19 janvier 1946, une «ordonnance» du Commandant suprême allié dans le Pacifique, instituait, sur le même modèle, un tribunal militaire siégeant à Tokyo.

Il s'agissait, dans les deux cas, d'une répression «orientée», «unilatérale», les crimes de guerre commis par des forces alliées ne relevant d'aucune juridiction internationale.

Toutefois, cette répression internationale était – et devait rester – exceptionnelle, le principe d'une compétence exclusivement nationale demeurant en vigueur.

Ce principe a prévalu, notamment lorsque la protection des personnes contre la violence d'État fut étendue hors du cadre strict des conflits armés.

Les Conventions de New York du 9 décembre 1948 « pour la prévention et la répression du crime de génocide » et du 10 décembre 1984 « contre la torture et autres traitements cruels, inhumains ou dégradants » avaient cette extension pour finalité. C'est ainsi que la Convention de 1948 qualifie le génocide de « crime de droit des gens » – « qu'il soit commis en temps de paix ou en temps de guerre ». Cependant, il s'agit d'un crime que seules les Hautes Parties Contractantes (HPC) « s'engagent à prévenir et à punir » : l'éventualité d'une « Cour criminelle internationale » est à peine suggérée.

La Convention de 1984 consacre le même principe. Elle prévoit que tout État partie doit, d'une part, adopter les « mesures législatives, administratives et judiciaires et autres mesures efficaces pour empêcher que des actes de torture soient commis dans tout territoire sous sa juridiction », et d'autre part « établir sa compétence afin de connaître desdites infractions » – même commises à l'étranger par et contre des étrangers – pourvu qu'un « auteur présumé se trouve sur tout territoire sous sa juridiction ». Cette dernière disposition marque un progrès en ce qu'elle impose une compétence nationale dite « universelle » (cf. *infra*).

Pendant la même période, plusieurs États ont spontanément promulgué des lois attribuant très largement cette « compétence universelle » à leurs juridictions en matière de droit international humanitaire[13] – notamment, en Europe, la Belgique[14] et l'Espagne[15].

Par dérogation au principe de la compétence nationale, l'expérience des TMI de Nüremberg et de Tokyo a été renouvelée un demi-siècle plus tard, à plusieurs reprises et sous diverses formes[16].

Tout d'abord, deux résolutions du Conseil de sécurité furent prises en vertu du chapitre VII de la Charte – impliquant que la «justice» devait conjurer les menaces pour la paix et la sécurité internationale. Elles instituaient un Tribunal pénal international pour l'ex-Yougoslavie[17] et un autre pour le Rwanda[18], avec une chambre d'appel commune.

Puis, en raison de la paralysie de certaines juridictions nationales, la Communauté internationale a mis sur pied des tribunaux de nature hybride : des juges «internationaux» siègent aux côtés de magistrats locaux ; le tribunal applique concurremment le droit international et la loi du pays – voire celle-ci seulement. Il s'agit tantôt de formations particulières de la justice nationale instituées par voie d'accord avec les Nations unies[19] ou par décision d'une Administration transitoire des Nations Unies[20] ; tantôt de juridictions spécifiques créées par le Conseil de sécurité – telles que le Tribunal spécial pour le Liban[21].

Enfin, depuis le 1er juillet 2003, la première juridiction répressive internationale permanente a vu le jour en application d'une Convention adoptée à Rome le 17 juillet 1998. La compétence de cette Cour pénale internationale (CPI) a une vocation universelle, bien que son statut ne lie pas tous les États : ni les USA, ni la Russie, ni la Chine, tous trois membres permanents du Conseil de sécurité de l'ONU, ne sont parties à la Convention de Rome.

La création de la CPI marque l'aboutissement d'une première étape relativement progressiste dans le développement du droit international pénal et plus généralement humanitaire. Or, depuis peu, il semble que l'histoire ait marqué le pas en ce domaine.

Le reflux

Les premières manifestations de régression remontent aux guerres coloniales de la fin du XIXe siècle – notamment à Madagascar, en Indochine et en Algérie en ce qui concerne la France : les principes du droit humanitaire furent largement ignorés sur le terrain. La tendance n'a cessé de s'accentuer avec l'implication des États Unis en Indochine, puis avec le conflit israélo-palestinien, jusqu'à l'attentat du 11 septembre 2001 qui fut suivi de l'occupation de l'Irak et de l'Afghanistan.

De nos jours, en réalité, les États occidentaux et leurs alliés ont très largement cessé d'appliquer les dispositions du droit international : édictées aux XIXe et XXe siècles dans la perspective d'affrontements entre « armées régulières », ces dispositions seraient « inadaptées » aux conflits « asymétriques » actuels[22]. À vrai dire, ces États ne se contentent pas de violer le droit, tantôt dans une relative clandestinité comme dans le centre de torture américain d'Abu Ghraïb, tantôt ouvertement comme sur la base de Guantanamo. Ils s'efforcent aussi de justifier leurs comportements avec l'aide de juristes redoutablement qualifiés et prônent un « amendement » de la législation internationale[23]. On leur doit, par exemple, la notion de « combattants illégaux », soustraits sous ce prétexte à la protection du droit de Genève, et la « légalisation » de la torture[24]. Enfin, dans la mesure où certains de leurs dirigeants étaient sérieusement menacés par les lois de compétence universelle en vigueur dans divers pays, dont le territoire leur était de ce fait interdit, ces États, au premier rang desquels les États-Unis, ont fait pression avec succès afin d'obtenir la modification des lois en question[25].

Ce que ces États qualifient indifféremment de « terrorisme » – et qui est souvent leur propre fait[26] – sert d'alibi politique à ce bouleversement de perspective qu'accompagne la mise en place d'un impressionnant appareil répressif international. La liste des Conventions fondant cette répression est de plus en plus longue[27].

Une juridiction hybride, le Tribunal spécial pour le Liban, a d'ailleurs été créée spécialement pour connaître d'actes de terrorisme : l'assassinat de Rafiq Hariri et d'une quinzaine de personnalités[28].

La situation présente

Les États déterminent eux-mêmes le champ du pouvoir qu'ils exercent sur les populations : censé réguler ce pouvoir, le droit international est, en réalité, leur œuvre – tant au niveau de la création des normes générales que de leur application.

Tout d'abord, ce sont les États qui produisent les normes internationales – notamment celles qui sont censées contenir, et le cas échéant réprimer leurs propres actes de violence.

Ils légifèrent ainsi, tantôt directement – les traités sont des contrats conclus entre eux, à deux ou à plusieurs, tandis que la « coutume », source du « droit international général », est le produit de leur commune pratique –, tantôt par le truchement des organisations internationales dont ils sont membres. Encore faut-il noter que, pour être efficaces, la plupart de ces normes internationales doivent être adaptées, dans chaque pays, par la législation nationale.

À vrai dire, tous les États ne participent pas également à la fabrication du droit international. Les rapports de force existants font que le rôle principal incombe aux grandes puissances – notamment aux membres permanents du Conseil de sécurité dotés du fameux droit dit « de veto[29] ».

Mais le rôle des États ne se borne pas à énoncer les normes abstraites de droit international. En effet, l'application de ces normes aux situations concrètes incombe à leurs propres organes, c'est-à-dire à l'administration et aux juridictions de chaque État.

L'intervention des juges nationaux est donc essentielle – pourvu qu'on les saisisse. En effet, les juridictions internationales n'interviennent qu'exceptionnellement : les tribunaux spéciaux ou hybrides sont temporaires et la compétence de la CPI n'est que subsidiaire, car elle ne peut connaître des affaires qui font « l'objet d'une enquête ou de poursuites de la part d'un État ayant compétence en l'espèce... » ; de plus, une résolution du Conseil de sécurité peut la paralyser.

Par ailleurs, les juges nationaux sont censés contrôler l'action des organes publics de l'État – gouvernement et administrations – ce qui n'est pas sans incidences là où la séparation des pouvoirs existe réellement.

Enfin, comme en toute matière juridique, ces juges, en « interprétant » les normes internationales qu'on les prie d'appliquer, contribuent inévitablement à leur évolution.

C'est donc, avant tout, aux tribunaux de chaque pays qu'il revient de réprimer les violences « internationalement illégales » commises par les agents de leur propre État, mais aussi éventuellement par ceux de tel ou tel autre État.

Dans ces conditions, il n'est pas surprenant que le droit international, créé par les États et mis en œuvre par leurs agents, justifie en principe leur violence et ne la tempère qu'à la marge. L'exemple français est éclairant à cet égard.

Le droit international légitime – dans son principe – la violence d'État

La violence légitime au regard du droit international est, au premier chef, celle que l'État exerce spontanément en vertu de sa législation[30]. Elle est, en dernière instance, appréciée par ses propres tribunaux. Le principe international du respect de la souveraineté suffit à justifier l'exercice de cette violence à l'intérieur des frontières, y compris à l'égard d'étrangers. La proclamation spectaculaire de la « responsabilité de protéger » qui incombe à chaque État ne doit pas faire illusion à cet égard. Elle n'a d'autre effet que de confirmer le pouvoir discrétionnaire dont le Conseil de sécurité dispose de toute façon afin d'autoriser une intervention – comme ce fut le cas en Lybie et en Côte d'Ivoire[31] – ou de s'en abstenir – comme, à la même époque, à Bahrein ou en Syrie[32].

Il en va de même pour la violence qui s'exerce à l'extérieur, soit à l'égard des propres ressortissants de l'État, soit envers des étrangers, pourvu qu'elle revête une forme « légale » – particulièrement celle de poursuites pénales[33]. Ceci doit s'entendre sous quelques réserves : il faut notamment respecter la souveraineté des autres États ; par exemple, s'abstenir d'actes de puissance publique sur un territoire étranger[34], et ne pas porter atteinte aux immunités dites « diplomatiques[35]. »

Mais il existe également une violence que le droit international *enjoint* à l'État d'exercer. Ainsi, par exemple, en matière de « terrorisme », les nombreuses Conventions qui lient la France l'obligent à légiférer afin de prévenir et réprimer le terrorisme. Toutes posent un principe de « compétence universelle » obligatoire (cf. *infra*). La République a docilement déféré à leur invite[36].

C'est donc seulement par dérogation au principe du respect de la souveraineté nationale que le droit international peut offrir une certaine protection contre la violence d'État.

Le droit international tempère – mais à la marge – la violence d'État

Ne pouvant saisir aucune juridiction internationale, les personnes privées et les ONG qui les assistent doivent s'adresser aux juges étatiques pour se prévaloir de dispositions internationales. En France, de façon générale, elles peuvent utilement invoquer de telles dispositions devant les tribunaux, pourvu que leur application soit « techniquement » possible. En cas de contradiction, les normes conventionnelles prévalent même sur les lois nationales ordinaires – mais non pas sur la Constitution ; ceci, devant les juridictions des deux ordres, judiciaire[37] et administratif[38].

Le droit de l'Union européenne prime également sur celui de l'État, avec cette particularité qu'en ce domaine, la justice nationale agit sous le contrôle de la Cour de l'Union siégeant à Luxembourg (CJUE, ex-CJCE).

Cependant, d'un point de vue strictement pratique, il importe de distinguer la mise en œuvre des normes européennes de celle du droit international *stricto sensu.*

C'est au niveau régional, au sein du Conseil de l'Europe et de l'Union européenne, que la violence d'État est le plus efficacement encadrée.

La jurisprudence de la Cour européenne des droits de l'homme (CEDH) – entrée en fonction en 1959 et qui siège à Strasbourg – a considérablement développé les dispositions contenues dans la Convention EDH de 1950 et ses 13 protocoles additionnels[39]. Sous réserve d'un pénible – et onéreux – « épuisement des recours internes », la Cour est accessible aux simples particuliers. Mais les tribunaux ordinaires appliquent les principes qu'elle dégage – ce dont témoignent, par exemple, les récentes décisions relatives aux conditions de la garde à vue « à la française »[40].

D'ailleurs, la Cour EDH impose également ses principes à l'encontre des dispositions du droit de l'Union qui ne seraient pas conformes à sa conception du droit. En témoigne, notamment, la décision constatant que les conditions du renvoi d'un demandeur d'asile afghan de Belgique en Grèce, par application du règlement « Dublin II[41] », et particulièrement les conditions de détention et d'existence qui lui furent imposées, contrevenaient à la prohibition par l'article 3 CEDH des « traitements inhumains ou dégradants[42]. » À son tour, et de nouveau à propos de la Grèce, la CJUE a signifié qu'un demandeur d'asile ne devait pas se voir transférer vers l'État qui, conformément au réglement « Dublin II », devrait instruire son dossier lorsqu'il court dans cet État « un risque réel d'être soumis à des traitements inhumains et dégradants au sens de l'article 4 de la Charte des droits fondamentaux de l'Union[43]. »

La Convention EDH et la jurisprudence de la Cour de Strasbourg font partie de l'ordre juridique intégré de l'Union européenne, sur lequel veille la Cour de Justice (CJUE) qui siège à Luxembourg.

Cette dernière est accessible à tout justiciable à travers le mécanisme de la question préjudicielle posée par le juge national[44]. Saisie de la sorte, la CJUE a récemment jugé que les États membres de l'UE ne doivent pas frapper de peines d'emprisonnement les ressortissants de pays tiers en situation irrégulière sur leur territoire, tant qu'ils peuvent être physiquement « éloignés » de ce territoire. D'abord énoncée à propos de la législation italienne[45], cette interdiction vient d'être réitérée en ce qui concerne la France dont la loi prévoit précisément ce genre de peine[46]. La même Cour avait également également décidé que l'absence de contrôle aux frontières intérieures de l'Union doit bénéficier aux étrangers ressortissants d'États tiers – ce qui condamne la pratique française de contrôles d'identité « au faciès » fondée sur l'article 78-2 du Code de procédure pénale[47].

Quant aux dispositions à vocation universelle du droit international humanitaire, elles sont certes plus spectaculaires que les dispositions européennes en ce qu'elles définissent des « crimes d'État ». C'est notamment le cas de la Convention de 1948 concernant le génocide, et de celle de 1984 contre la torture. La Convention de Rome de 1998 qui crée la CPI est de prime abord plus ambitieuse car elle rassemble, en les précisant, les définitions des principaux crimes d'État – génocide, crimes contre l'humanité, crimes de guerre et, du moins à partir de 2017, « agression ».

Toutefois, ces normes universelles sont moins efficaces que les dispositions régionales, dans la mesure précisément où les crimes qu'elles définissent paraissent plus graves. En effet, mise à part l'institution fort sélective de quelques tribunaux spéciaux et la compétence subsidiaire de la CPI, les États sont chargés de traiter, et finalement de juger leurs propres turpitudes… dont, finalement, certains de leurs agents devraient répondre[48]. Or, ces États ne sont pas facilement disposés à voir imputer de tels crimes à leurs agents, et surtout à leurs dirigeants politiques, sur la plainte de simples particuliers ou d'ONG humanitaires.

La République française en éprouve précisément les désagréments à propos de son implication dans les crimes commis par le gouvernement du Rwanda en 1994. Sa législation ayant conféré aux tribunaux français une compétence concurrente de celle du TPIR[49], ceux-ci ont été saisis par des victimes rwandaises de plaintes visant des militaires français[50] et, malgré l'opposition du parquet, neuf procédures sont actuellement en cours au grand déplaisir des autorités et de certains officiers[51].

Ces procédures sont fort instructives car elles révèlent qu'à condition que des particuliers aient accès au juge, il est possible de saisir les juridictions d'un État de crimes imputables aux propres agents de cet État. En France, précisément, la constitution de partie civile d'une quelconque victime d'infraction oblige en principe les autorités à entamer des poursuites. Cependant, depuis une loi du 9 août 2010, s'agissant « des crimes relevant de la compétence de la Cour pénale internationale » – soit les principaux crimes d'État – l'article 689-11 CPP ne permet plus la constitution de partie civile. L'expérience rwandaise explique sans doute cette régression spectaculaire.

La même loi du 9 août 2010 présente une autre tare[52]. Il est possible, en principe, de saisir le juge de crimes imputables aux agents d'un État étranger. Cela suppose la faculté de se constituer partie civile, mais aussi que le juge saisi puisse connaître des crimes commis en dehors de son territoire. Dans chaque pays et particulièrement en France, il faut pour cela que des nationaux aient été soit victimes, soit auteurs de l'infraction[53]. Toutefois, le champ de compétence peut s'étendre à des crimes commis à l'étranger, par des étrangers dont les victimes sont également étrangères. Il s'agit, alors, d'une compétence dite « universelle[54] ».

Certaines Conventions internationales – notamment, celle de 1984 contre la torture et celles qui concernent le terrorisme – imposent aux États parties d'instituer la compétence universelle de leurs juridictions nationales. Ainsi, « peut être poursuivie et jugée par les juridictions françaises » à la seule condition qu'elle « se trouve en France », « toute personne qui s'est rendue coupable hors du territoire de la République » de « tortures au sens de l'article 1er de la Convention » de 1984 (art. 689-1 et 689-2 CPP).

La Convention de Rome portant statut de la CPI ne prévoit rien de tel.

En revanche, les Conventions de Genève de 1949 imposent la compétence universelle en cas de « violations graves » de leurs dispositions – violations graves qui sont des « crimes de guerre[55]. » Pourtant, la France n'a jamais institué cette compétence universelle.

Cette lacune impardonnable s'explique par le refus de poursuivre les militaires français pour « crimes de guerre » – type d'infraction traditionnellement inconnue du droit pénal français. Aussi, en ce qui concerne les crimes du ressort de la CPI – dont les crimes de guerre font partie – la loi du 9 août 2010 entoure la compétence extraterritoriale des tribunaux français de conditions qui la rendent illusoire – notamment l'exigence que la personne susceptible de poursuites « réside habituellement sur le territoire de la République ».

Observations finales

De façon générale, pour un État, adopter des règles de droit – fût-ce en participant à l'élaboration de normes internationales – et définir les conditions de leur mise en œuvre par les tribunaux, c'est faire de la politique. En excluant la constitution de partie civile et, pratiquement, la compétence universelle en matière de crimes de guerre et contre l'humanité, la République française fait de la politique. Elle redoute en effet d'avoir à juger ses propres militaires, voire leurs supérieurs civils, et veut éviter les ennuis que pourraient susciter des poursuites engagées contre ceux de pays alliés.

Dès lors, utiliser l'arme du droit pour lutter contre la violence d'État revient à combattre sur ce même terrain politique.

Il faudrait que les plaignants aient pleine conscience de cette réalité afin de mesurer au cas par cas les avantages et les inconvénients de l'instrument judiciaire. Ceux qui sauteraient le pas ne devraient pas redouter les seules manœuvres adverses. Il leur faudrait également se défier des pièges qui tiennent à la nature des institutions juridiques[56] et, particulièrement, à leur caractère simultanément ecclésiastique et mercantile[57].

Sous cette réserve, s'agissant des crimes définis par le statut de la Cour pénale internationale, la conjonction de la faculté de se constituer partie civile et de la compétence universelle devrait mettre une sanction effective des normes internationales à la portée des citoyens. Or, en la matière – s'agissant de génocide, crimes contre l'humanité, crimes de guerre – le droit français ne comporte plus ni l'une ni l'autre.

Par conséquent, deux sortes de mesures sont à la fois nécessaires et praticables : il faut substituer au tout récent article 689-11 du code de procédure pénale un texte qui, d'une part, ouvre la constitution de partie civile aux victimes directes comme aux ONG et, d'autre part, fonde une véritable compétence universelle[58].

1. Voir notamment: Déclaration universelle du 10 décembre 1948; Convention EDH du 4 novembre 1950 et ses 13 protocoles additionnels; Pactes internationaux du 16 décembre 1966 relatifs, l'un «aux droits civils et politiques», l'autre aux «droits économiques, sociaux et culturels».
2. Voir Convention des Nations unies du 20 novembre 1989.
3. Voir Conventions de Genève du 12 août 1949 et leurs deux Protocoles additionnels du 8 juin 1977.
4. Voir Convention du 9 décembre 1948.
5. Voir notamment Convention de Rome du 17 juillet 1998 instituant une «Cour pénale internationale» (CPI).
6. Voir Document final du sommet mondial de 2005, § 138 et § 139 ; résolutions du Conseil de sécurité 1674(2006) du 28 avril 2006 et 1894(2009) du 11 novembre 2009.
7. *De jure bellis ac pacis,* 1625, trad. P. Pradier-Fodéré, éd. D. Alland et S. Goyard-Fabre, PUF 1999.
8. Cf. notamment CIJ, Avis consultatif du 9 juillet 2004, «sur l'édification d'un mur dans le territoire palestinien occupé».
9. Protocole II «relatif à la protection des victimes des conflits armés non internationaux»; voir déjà l'art. 3 commun aux quatre Conventions.
10. Convention I «pour l'amélioration du sort des blessés et malades dans les forces armées en campagne», art. 49 et 50; Convention II «pour l'amélioration du sort des blessés, malades et des naufragés des forces armées sur mer», art. 50 et 51; Convention III «relative au traitement des prisonniers de guerre», art. 129 et 130; Convention IV «relative à la protection des personnes civiles en temps de guerre», art. 146 et 147.
11. La CPJI est l'ancêtre de l'actuelle Cour internationale de justice ou CIJ dite «Cour de La Haye», chargée de juger les litiges entre les États qui veulent bien accepter sa compétence.
12. Voir en France, la loi du 15 septembre 1948 et, déjà, l'ordonnance du 28 août 1944.
13. Voir le tableau dressé par la Coalition française pour la CPI, (sur www.cfcpi.fr).
14. Lois des 16 juin 1993 et 10 février 1999.
15. Loi du 1er juillet 1985, art. 23-4 et arrêt du Tribunal constitutionnel du 5 octobre 2005.
16. Voir notamment Nils Anderson et Daniel Lagot, *La Justice internationale aujourd'hui. Vraie justice ou justice à sens unique?* L'Harmattan, 2009.
17. Résolution 827(1993) du 25 mai 1993.
18. Résolution 955(1994) du 8 novembre 1994.
19. Voir Tribunal spécial pour la Sierra Leone, Accord du 16 janvier 2002; Chambres extraordinaires au sein des tribunaux cambodgiens, Accord du 6 juin 2003 et loi du 27 octobre 2004.
20. Règlement du 6 juin 2000 créant des «Groupes spéciaux» au sein d'un tribunal du Timor.
21. Résolution 1757(2007) du 30 mai 2007.
22. Voir notamment Daniel Lagot, «Droit international humanitaire: États puissants et mouvements de résistance», *Conférence de l'Association pour la défense du droit humanitaire (ADIF) en septembre 2009*, L'Harmattan, 2010.
23. Eyal Weizman, «Offensive par le droit à Gaza», *Open democracy,* 25 février 2009.
24. Voir notamment *Techniques d'interrogatoire à l'usage de la CIA,* Préface de J.-P. Perrin, Éditions des Équateurs, 2009.
25. Voir par exemple la loi belge du 23 avril 2003.
26. Comme en matière d'attentats «ciblés», l'opération dirigée contre Ben Laden étant un modèle du genre.
27. Cf. Conventions: a) régionales: C. européenne de Strasbourg du 27 janvier 1977 et Accord de Dublin du 9 décembre 1979, amendés par un Protocole du 15 mars 2003; C. européenne de Varsovie du 16 mai 2005 sur la prévention du terrorisme; b) à vocation universelle: C. des NU du 15 décembre 1997, relative à la

répression des attentats terroristes à l'explosif; C. des NU du 9 décembre 1999, relative à la répression du financement du terrorisme; C. des NU du 13 avril 2005 relative à la répression des actes de terrorisme nucléaire. Voir aussi l'affirmation par la chambre d'appel du tribunal spécial pour le Liban (décision préjudicielle sur le droit applicable, 16 février 2011) de l'existence d'«règle coutumière de droit international relative au terrorisme en temps de paix».

28. Voir «Droit et politique au Liban», *Cahiers de l'Orient*, n° 94, mai 2009.

29. Chine, États-Unis, France, Royaume-Uni et Fédération de Russie.

30. ... et même à l'encontre de cette législation car il n'est pas possible de demander à une instance internationale qu'elle révise une décision nationale pour violation du seul droit interne.

31. Voir résolutions 1973(2011) du 17 mars 2011 concernant la Lybie et 1975(2011) du 30 mars 2011 concernant la Côte d'Ivoire.

32. Voir Nils Anderson et Daniel Lagot (Dion), «Droit international et «ingérence humanitaire», *Colloque de l'ADIF*, 23 septembre 2011, à paraître à L'Harmattan et Michel Collon, *Lybie, Otan et mediamensonges. Manuel de contre-propagande*, Investig'Action et Couleur livres, 2011.

33. CPJI, 7 septembre 1927, aff. du Lotus.

34. Le type même de l'acte de puissance publique est l'arrestation d'une personne. Pourtant, il est admis qu'une fois ramené sur le territoire national, un individu illégalement enlevé à l'étranger peut être valablement jugé et condamné: *male captus, bene tenetus*...
Cf. le cas d'Eichman en Israël et, plus modestement, en France, celui du colonel Argoud.

36. Voir p. ex. CIJ 14 février 2002, aff. Yerodia.

36. Code pénal, Livre quatrième: «Des crimes contre la Nation, l'État et la paix publique», Titre II: «Du terrorisme», art. 421-1 à 422-7 (textes introduits dans le C. pénal de 1994 par la loi 96-647 du 22 juillet 1996; voir, déjà, la loi 86-1020 du 9 septembre 1986 modifiant certaines dispositions de l'ancien C. pénal); voir aussi, dans le code de procédure pénale, les dispositions de «compétence universelle» figurant aux art. 689-3 (cf. C. de Strasbourg de 1977); 689-9 (cf. C. NU de 1997); 689-10 (cf. C. NU de 1999).

37. C. cass. ch. mixte, 24 mai 1975, Cafés Jacques Vabre.

38. Cons. d'État, 20 octobre 1986, Nicolo.

39. Voir Vincent Berger, *Jurisprudence de la Cour EDH*, Sirey, 12e éd. 2011.

40. C. cass., ass. plén., 15 avril 2011, arrêts n° 590 et 592; cf. Cour EDH, 27 novembre 2008, Salduz et 13 octobre 2009, Davanan; voir *supra* «La garde à vue», par Antoine Comte.

41. Règlement 343/2003 du 18 février 2003.

42. Cour EDH, 21 janvier 2011, M.S.S., req. 30696/09.

43. CJUE, 6 décembre 2011, Achghbadian, C-329/11; v. art. L621-ICESEDA

44. Lorsqu'il est saisi d'un moyen pris du droit de l'Union, le juge national, tantôt peut et, plus souvent, doit, interroger la Cour de justice. Il doit se conformer à la réponse obtenue de ladite Cour.

45. CJUE, 28 avril 2011, El Dridi, C-61/11.

46. Art. L 624-1 à 4 CESEDA.

47. CJUE, 22 juin 2010, Melki et Abdelli, C-188/10 et C-189/10.

48. Voir Rafaëlle Maison, *La Responsabilité individuelle pour crime d'État en droit international public*, Bruylant, 2004.

49. Lois 95-1 du 2 janvier 1995 et 96-432 du 22 mai 1996.

50. Voir *Imprescriptible: l'implication française dans le génocide tutsi devant les tribunaux*, Les Arènes, 2005.

51. Voir notamment général La Fourcade, *Opération Turquoise*, Perrin, 2010.

52. Voir X. Philippe et A. Desmaret, «Remarques critiques relatives au projet de loi "portant adaptation du droit pénal français à l'institution

de la Cour pénale internationale" : la réalité française de la lutte contre l'impunité », *Revue Française de droit constitutionnel,* n° 81, 2010.
53. Art. 113-6 à 113- 12 du code pénal ; 689 sqq. du code de procédure pénale.
54. Voir H. Ascensio, P. Daillier et A. Pellet, *Droit international pénal,* chap. 79 : « La compétence universelle », 2e éd. Pédone, 2011.
55. Convention I, art 49 et 50 ; Convention II, art. 50 et 51 ; Convention III, art. 129 et 130 ; Convention IV, art. 146 et 147.
56. Voir notamment « Des faiblesses du droit international humanitaire qui tiennent à sa nature », *in* Daniel Lagot, *Droit international humanitaire..., op. cit.*
57. Voir « Religion et droit », *in L'instrumentalisation des religions dans le conflit israélo-palestinien,* Éditions du CVPR-PO, 2011, p. 29 sqq.
58. Les Conventions de Genève de 1949 imposent déjà, en droit, cette compétence à la France et si le statut de la CPI n'ajoute aucune obligation à cet égard, il ne s'oppose évidemment pas à la compétence prescrite par le droit de Genève.

Un réformisme offensif contre le racisme d'État

Félix Boggio Éwanjé-Épée
et Stella Magliani-Belkacem

Humainement, personnellement, la couleur n'existe pas. Politiquement, elle existe.
James Baldwin, La prochaine fois, le feu

Le racisme d'État ne se réduit pas à une politique contre les étrangers ou les sans-papiers. La lutte antiraciste est pourtant le plus souvent entendue comme une lutte contre la *xénophobie*. Une telle approche occulte tout un versant de l'arbitraire du pouvoir en matière de racisme. Le racisme d'État est une politique qui engendre ses propres sujets : Noirs, Arabes, Asiatiques, Musulmans, etc. Tout comme le colonialisme a consacré le statut d'indigène, le Français musulman en Algérie, le pouvoir produit et reproduit une catégorie qu'il se refuse à nommer directement : la catégorie des non-Blancs. Comme l'indigène, le non-Blanc subit un traitement d'exception. S'il n'est pas nommé en tant que tel, il n'en reste pas moins désigné : c'est le « Black », la « beurette », le « jeune de banlieue », la « racaille » ou le « sauvageon », la « minorité visible », celui « issu de » ou « d'origine », etc. Une définition minimale du non-Blanc s'impose alors : c'est celui qui ne peut pas bénéficier des mêmes privilèges que le groupe social des Blancs qui, lui, n'est jamais désigné comme tel. Être non-Blanc, ce n'est pas, paradoxalement, une question de « couleur » de peau. Nombreux sont ceux et celles qui sont identifiés comme Blancs et qui arborent un teint mat. Tout aussi nombreux sont ceux et celles qui ont la peau « blanche » et qui sont pourtant identifiés comme Arabes et victimes de discriminations à ce titre. Il faut donc savoir considérer la race comme la classe et le sexe, c'est-à-dire comme une construction sociale. « Le racisme, comme la domination économique et l'oppression sexiste, s'incarne dans une souffrance sociale : ne pas trouver d'emploi ou de logement parce qu'on est Noir ou Arabe, être exclue de l'école parce qu'on porte un voile, etc.[1] »

Le texte de la loi contre les discriminations reprend lui-même le terme :

> Constitue une discrimination toute distinction opérée entre les personnes physiques à raison de leur origine, [...] de leur appartenance ou de leur non-appartenance, vraie ou supposée, à une ethnie, une nation, une race ou une religion déterminée[2].

Reste à espérer que les juristes qui ont pour tâche d'interpréter ce texte entendent l'« appartenance vraie » à une race comme un fait politique et social, en se gardant bien de s'appuyer sur toute théorie raciste biologisante. Dès lors, si le cadre légal prétend vouloir lutter contre les discriminations raciales, il n'en reste pas moins paradoxal que le fait politique et social en question n'est jamais identifié et encore moins dénombré. Comment lutter efficacement contre ces discriminations si on ne peut rien connaître de leur ampleur ? « L'analyse des discriminations est inévitablement une affaire de comparaison. Toute la question est de savoir qui comparer[3]. » Si être non-Blanc, c'est ne pas bénéficier d'un privilège, alors mesurer la discrimination, c'est comparer la situation de races sociales distinctes. C'est tout l'intérêt du débat sur les « statistiques ethniques » – que nous préférons appeler statistiques sur des bases raciales.

> Si les statistiques renseignent bien sûr les étrangers et les immigrés, elles n'enregistrent que de manière exceptionnelle le pays de naissance et la nationalité des parents. Or les recherches montrent que les personnes victimes de discriminations « ethniques et raciales » sont souvent des Français nés en France. Pour montrer les discriminations, il faut faire sortir de l'invisibilité statistique celles et ceux qui les subissent : descendants d'immigrés, originaires des DOM, et sans doute d'autres encore[4].

Certains objectent qu'une telle entreprise « inventerait des groupes qui n'existent pas, créerait des divisions là où il y a rapprochement, suggérerait homogénéité là où il y a diversité, mettrait des frontières là où il y a continuité[5] ». Mais les frontières et l'homogénéité, ce sont les racistes qui les introduisent dans leurs pratiques discriminantes. C'est parce que la société reconnaît et nomme les groupes discriminés sur la base raciale qu'il y a lieu de les comptabiliser comme tels[6]. Plutôt que d'« inventer » des catégories comme « jeune issu de l'immigration », « de la diversité », « d'origine maghrébine », pourquoi ne pas reprendre les termes mêmes de la désignation sociale ? Ces termes qui fondent l'oppression raciste : c'est aux Noirs et aux Arabes qu'on inflige un couvre-feu en 2005, c'est à la musulmane voilée qu'on refuse l'accès à l'école publique. Avant tout, il s'agirait d'en prendre acte, de mesurer pour mieux dénoncer.

Les données dont nous disposons pour dresser un état des discriminations souffrent largement de cette carence statistique. C'est pourquoi nous sommes amenés à avoir recours à des outils imparfaits, qui n'établissent qu'indirectement le sort des descendants de colonisés, et que nous devons parfois, à contrecœur, utiliser un langage qui trahit la véritable signification du racisme en France.

Je ne crois pas qu'une mystification puisse reposer sur une complète illusion, puisse gouverner totalement le comportement humain. Si le petit colonisateur défend le système colonial avec tant d'âpreté, c'est qu'il en est peu ou prou bénéficiaire. La mystification réside en ceci que, pour défendre ses intérêts très limités, il en défend d'autres infiniment plus importants, et dont il est par ailleurs la victime. Mais, dupe et victime, il y trouve aussi son compte.
Albert Memmi, Portrait du colonisateur

Le racisme n'a rien à voir avec une pulsion naturelle, une peur ou une phobie de l'étranger, ni même une ignorance de l'*autre*[7] ; le racisme n'a que faire du droit du sol ou du « choc des cultures ». Encore une fois, il s'inscrit dans une idéologie qui s'écrit depuis le cadre colonial. La discrimination raciste n'est pas affaire de quolibets, de mauvaises blagues et de bêtises. Le racisme est une « passion d'en haut », pour reprendre la formule de Jacques Rancière :

> Ce n'est pas le gouvernement qui agit sous la pression du racisme populaire et en réaction aux passions dites populistes de l'extrême droite. C'est la raison d'État qui entretient cet autre à qui il confie la gestion imaginaire de sa législation réelle[8].

L'intention ou l'individualité se dissolvent dans une structure plus large. Nous ne devons pas passer à côté de « la réalité d'un système politique au sein duquel la ségrégation d'origine coloniale est toujours active et auquel, malgré eux souvent, les individus ne peuvent échapper[9] » : une personne blanche a beau militer en faveur de l'antiracisme, être vigilante dans ses actes comme dans ses paroles, il n'en demeure pas moins qu'elle occupe encore la place du dominant dans les « rapports de race » tels qu'ils sont socialement construits au creux de notre République. Tout ce qui tisse son quotidien, sa position dans la société et le regard qu'on porte sur elle, lui est octroyé en vertu de cette domination. Il faut avoir en tête l'idée d'une file d'attente : dans l'état actuel des choses, les places sont rares et chères pour trouver un logement, obtenir un emploi stable et des possibilités d'avancement, acquérir une visibilité médiatique ou politique, etc. Le privilège signifie simplement que les Blancs passent toujours devant les autres. Tout ce qui est discrimination pour l'un est privilège pour l'autre.

À cette défaveur s'ajoutent les traitements d'exception. À propos des violences policières, par exemple, Amnesty International fait remarquer que,

> si les victimes de mauvais traitements et d'autres violations des droits humains sont aussi bien des hommes que des femmes et sont issues de toutes les tranches d'âge, la grande majorité des plaintes dont l'organisation a eu connaissance concernent des ressortissants étrangers ou des Français appartenant à une minorité dite « visible ». Dans plusieurs des affaires évoquées dans ce rapport, la dimension raciste est évidente. Cette tendance a aussi été constatée avec préoccupation par les organes de défense des droits humains des Nations unies et par la CNDS, et fait craindre l'existence d'un racisme institutionnalisé au sein des organes chargés de l'application des lois en France[10].

Ce traitement policier est de surcroît appuyé par des unités d'exception : depuis 2008, des Unités territoriales de quartiers (UTeQ) – bientôt remplacées par les « Brigades spéciales de terrain » (BST) – s'installent dans les « quartiers sensibles », ou ZUS, zones où « comme les étrangers, les immigrés sont surreprésentés[11] ». Ces traitements spéciaux tournent à l'acharnement quand on sait « la prévalence apparente du contrôle au faciès pratiqué par les forces de police en France (ainsi que par la douane) » et le fait que « les jeunes Noirs et Arabes, surtout ceux qui sont habillés de manière distinctive, sont massivement surreprésentés parmi les personnes visées par les contrôles de police[12] ».

Ce régime d'exception se poursuit au niveau judiciaire à travers la notable « couleur du jugement », mise en évidence par les sociologues Fabien Jobard et Sophie Névanen. Les données qu'ils ont réunies en enquêtant sur les décisions pénales indiquent « une discrimination irréfutable et systématique à l'encontre des prévenus des groupes "Maghrébins" et "Noirs"[13] ». On touche ici une limite : de simples transformations légales ne sauraient enrayer ce qui fait système dans le racisme. Si l'action juridique permet de sanctionner des discriminations directes (ou volontaires) et des discriminations indirectes[14], elle ne peut agir que sur des conséquences et reste aveugle aux causes.

> *L'opposition entre non-discrimination et action positive repose sur un sophisme ou une confusion : on décrète que pour obtenir une société égale, il faut faire comme si elle l'était. Or, faire comme si elle l'était quand elle ne l'est pas, c'est* perpétuer *l'inégalité.*
> *Christine Delphy,* Classer, dominer

Malgré cela, on peut tout de même envisager des dispositifs légaux à même de relativiser les effets du racisme.

Une typologie rationalisée des groupes victimes de la discrimination raciste, une juste appréciation de son ampleur et des domaines où elle sévit, permettrait de penser la mise en pratique d'une action affirmative pour compenser (encore relativement) les effets du stigmate. Nous appelons action affirmative ce que d'autres ont fait le choix de nommer « discrimination positive » (avant même de songer à entreprendre un bilan de la discrimination « négative[15] »). Il s'agit par là d'imposer aux entreprises, au parc public de logements, aux instances décisionnelles, etc., des proportions significatives de non-Blancs. Face à cette idée, des voix s'élèvent pour défendre le *statu quo* pseudo-universaliste qui correspond le plus souvent à la « défense de l'accaparement de l'universel par une catégorie très spécifique de la population, les hommes blancs[16]. » Ainsi, la rhétorique de *la République une et indivisible* – qui nie la discrimination comme le système d'oppression – disqualifie toute idée d'action compensatrice et « c'est au nom de la République, au nom de ses valeurs, parmi lesquelles l'égalité figure en bonne place, que toute mesure pour assurer une égalité réelle, substantielle, était et continue d'être dénoncée ». Car, « puisqu'il n'y a pas de torts, il n'y a pas non plus matière à réparations[17] ».

D'autre part, certains affirment, à propos des États-Unis par exemple, que « *l'affirmative action* est, aujourd'hui, un puissant frein à la déracialisation égalitaire [...] La cooptation de quelques Noirs ou de quelques femmes assure le maintien du *statu quo*[18]. » Si l'on comprend bien l'argument, les quelques « indigènes » nommés à des postes phares constitueraient une soupape du système raciste. Or il se trouve qu'en France, ces « candidats de la diversité » n'ont en rien constitué une structure stable du maintien du *statu quo* : les Fadela Amara, Rachida Dati et autres Rama Yade se sont vite vues disqualifier, et ce en termes proprement racistes[19]. D'un autre côté, l'action affirmative ou positive est la meilleure manière de lutter contre le tokenisme : au lieu de promouvoir individuellement des « modèles d'intégration[20] », il s'agit de prendre acte d'un système et de dénoncer le mythe de la « méritocratie ». Par ailleurs, dans la situation actuelle, on peut concevoir cet ensemble de mesures comme les points d'appui d'une mobilisation capable de prendre une dimension plus égalitaire encore, et plus totalisante. Pour qu'il y ait un mouvement, il faut des revendications : un mot d'ordre comme celui-ci exprime sous une forme didactique ce à quoi ressemblerait une société, sinon débarrassée du racisme, du moins du moins un peu plus égalitaire. L'enjeu consiste à être capable de défendre une telle proposition tout en pointant ses limites. Enfin, Yazid Sabeg souligne à juste titre que les réticences sont le plus souvent infondées puisqu'il existe, de fait, des mesures de « discrimination » positive :

> Si l'égalité est forgée comme un principe de non-discrimination, elle a également été conçue comme un rempart à l'arbitraire. C'est pourtant bien cet arbitraire que les politiques cache-misère ont restauré. À la transparence de la loi, la France préfère aujourd'hui les dosages de contrebande, les petits arrangements sur la base de critères subjectifs, le clientélisme ethnique, avec le succès que l'on sait. L'administration, prise en flagrant délit d'inégalité de traitement, n'est d'ailleurs pas la seule à se laisser gagner par l'ethnicisation républicaine : les partis politiques se livrent à ce même marchandage quand ils placent sur leurs listes municipales, au gré des circonstances, des élites maghrébines investissant des missions d'« éducateurs », « médiateurs officiels » avec les membres de « leur » communauté[21].

Reste encore à s'interroger sur le statut à donner à la discrimination positive. L'envisage-t-on, ainsi que nous le faisons ici, comme une revendication transitoire ? Ou à la manière de quelqu'un comme Yazid Sabeg qui la pense depuis des *think tanks* élitistes ou au cœur d'un gouvernement raciste[22] ? Dans son «Manifeste pour l'égalité réelle» publié par le *Journal du dimanche* en novembre 2008, Sabeg opère une «confiscation subtile du thème de l'égalité[23]». Cette confiscation procède notamment d'un glissement de l'idée d'égalité vers la promotion de «l'égalité des chances». En son temps, Philippe Pétain avait déjà très clairement énoncé le postulat qui fonde ce glissement : «Le régime nouveau ne reposera plus sur l'idée fausse de l'égalité naturelle des hommes, mais sur l'idée nécessaire de l'égalité des chances[24].» L'égalité des chances, «c'est donc le voile qui recouvre l'antiégalitarisme [puisqu'elle] permet de substituer à l'égalité politique une logique de la compétition sélective au mérite et une justification des hiérarchies sociales[25].» Cette révision de l'idéal égalitaire dans le sens de l'égalité des chances s'inscrit dans un recentrage néolibéral de la lutte contre les discriminations, dont l'enjeu principal est de promouvoir un partenariat entre les «jeunes» non-blancs et des patrons d'entreprise, en occultant les ressorts structurels du racisme au sein du marché du travail.

> Au cœur de ce discours, il y a en fait l'entreprise comme modèle de société, et la concurrence comme modèle de régulation sociale. Il faut, dit en effet M. Sabeg, «nous affranchir du droit commun et mettre en place des mesures d'exception. Nous devons aussi créer les conditions d'une nouvelle relation entre les jeunes et l'entreprise, à l'occasion d'un véritable pacte donnant-donnant pour

l'emploi». Voilà le fin mot de l'histoire : donner à croire que la relation entre employeur et salarié peut être «égale» et équilibrée («donnant-donnant[26]»).

> *On a essayé de présenter des modèles d'intégration comme une espèce de défilé de mode. On nous montre quel est l'Arabe qu'on doit être pour être un bon Français. C'est ça qui est intéressant : on ne doit pas devenir un Français mais le bon Arabe pour devenir français. Je crois que cette étape-là est fondamentale.*
> *Saïda Kada,* Un racisme à peine voilé

L'« égalité des chances» fonctionne aujourd'hui de pair avec une autre désignation souvent réquisitionnée, la «diversité» – «notion [...] polysémique, et c'est bien là, manifestement, l'un de ses intérêts politiques[27].» La polysémie dans la lutte contre les discriminations racistes – la même à l'œuvre dans le syntagme de «minorités visibles» – permet de dissoudre la race dans un ensemble plus large de discriminations, tout en occultant la dimension politique du racisme pour en faire un simple illégalisme. En effet, la Haute autorité de lutte contre les discriminations et pour l'égalité (HALDE[28]) a pour mission de combattre les pratiques discriminatoires, qu'elle définit comme suit : «Discriminer, c'est interdire ou limiter l'accès d'une personne à un emploi, un logement, à des biens et des services ou à une formation en raison de critères interdits par la loi.» Sont mis sur le même plan et sous la même dénomination les discriminations selon l'âge, le handicap, l'«origine», etc. Cette indistinction va de pair avec l'insistance toute récente sur l'idée d'égalité des chances présentée plus haut : «En passant à la question de "l'égalité des chances", on occulte cette dimension de nature politique [la domination d'un groupe majoritaire sur des groupes minorisés] pour requalifier le phénomène en supposant une simple perturbation d'une réalité théoriquement égalitaire et symétrique[29]. »

Cette dissolution de la question raciale se joue également au travers d'un traitement de la race en terme de « territoire ». Ce traitement s'est d'abord pensé comme une mesure temporaire, qui s'est finalement institutionnalisée, tout en confortant un pragmatisme « de terrain ». L'idéologie républicaine s'interdit d'« ethniciser la question sociale ». Mais l'inégalité de situation entre Blancs et non-Blancs étant indéniable, il lui faut trouver des expédients – tant qu'elle se donne des objectifs égalitaires. Tandis que la race nomme une inégalité sociale ascriptive (qui forme des groupes sociaux héréditaires), la République préfère fonder sa politique sur des réalités qui semblent moins pérennes : par exemple, la relégation des non-Blancs dans des quartiers spécifiques. La discrimination positive *à la française* passe donc, dans les faits, par une territorialisation de la race.

> Les catégories territoriales ont été analysées, en France, comme une manière détournée de prendre en charge l'ethnique. Aux pouvoirs publics, le territoire semble offrir des moyens pour aborder les questions de diversité culturelle en contournant les obstacles juridiques[30].

Le territoire est pourtant une catégorie douteuse : elle cible les bénéficiaires d'une action positive de manière très confuse, et ne saurait constituer un critère pour une lutte durable et ambitieuse contre les discriminations.

> La discrimination positive territoriale qui fonde les politiques urbaines n'est jamais politiquement

> affichée ni revendiquée. Au contraire, elle est systématiquement édulcorée par les thèmes de l'urgence et de la priorité, devenues au fil des années un écran dans la perception à la fois des quartiers et des stratégies de l'action publique. Placée durablement sous le signe de l'expérimentation et de l'urgence, la politique de la ville peine à proposer une définition stable de l'objet de son action. Il est par conséquent difficile d'y voir une démarche de reconnaissance ou encore moins de «redressement des torts», telle que l'*affirmative action* américaine[31].

Institutionnaliser l'urgence, c'est aussi faire preuve d'essentialisme: toutes les façons détournées de prendre en charge la race demandent de l'associer à des traits sociologiques, culturels, à des espaces et des sociabilités, plutôt qu'à des personnes qui appartiennent objectivement à la catégorie discriminée. Tout cela donne lieu à une pratique de prévention des discriminations et de définition des politiques territoriales qui procède à une ethnicisation ou une culturalisation systématique des «publics» et des interlocuteurs de l'action publique: représentants de communautés religieuses, culturelles, associations soi-disant représentatives... C'est tout un contrôle social qui s'étend, incarné par les travailleurs sociaux, relayé par des associations subventionnées et renforcé par le clientélisme. Le pragmatisme «du terrain» complète et traduit les définitions confuses élaborées dans les hautes sphères. Les entreprises sont en outre les grandes bénéficiaires de cette politique puisque les zones franches qu'elle met à disposition leur offrent des exonérations juteuses, sans jamais garantir le moindre emploi aux non-Blancs des «quartiers» visés.

Ce qui est à l'œuvre, c'est bien un recentrage des politiques publiques. À gauche, on fait de la lutte contre les discriminations un dispositif favorisant la «bonne intégration». À droite, on préfère s'orienter vers la défense de la promotion individuelle (il faut savoir se vendre) qui s'inspire d'un modèle d'*empowerment* néolibéral. Dans les deux cas, c'est l'intégration qui sert de point de départ : la gauche a préparé le terrain à la droite en maintenant la catégorie d'intégration qui permettait déjà la partition entre «bons» et «mauvais» immigrés.

Nous assistons aujourd'hui à une coïncidence entre idéologie libérale et racisme respectable[32] : responsabiliser les personnes discriminées et les mettre en conformité avec un récit national. Ce racisme respectable, dans la mécanique même des politiques publiques, a aussi intégré à sa rhétorique le concept de «mixité sociale».

> *J'entendis l'agent qui réglait la circulation maugréer à mon passage : «Pourquoi donc que vous autres nègres ne restez pas chez vous à Harlem ?»*
> *James Baldwin,* La prochaine fois, le feu

La mixité sociale est entendue dans le sens commun comme le contraire du «ghetto», l'idéal d'une société plurielle, l'alpha et l'oméga de la lutte contre le «communautarisme». Intuitivement, elle renvoie à l'idée d'« une répartition "équilibrée" des populations[33] », objectif qui peut sembler louable, voire incarner une certaine justice, alors que la *gentryfication* est devenu un lieu commun de la sociologie spontanée. Il est pourtant manifeste que mixité sociale et relégation territoriale ne sont en rien contradictoires. La répartition des populations est avant tout une «gestion "harmonieuse" de la misère[34] ».

La notion de mixité sociale connaît, depuis une vingtaine d'années, un engouement croissant et

> quasi consensuel. La notion n'est pas nouvelle, mais le débat des années 1990 marque un tournant. C'est alors que la loi Besson pose la mixité sociale comme un objectif légitime des politiques du logement : les protocoles d'occupation du patrimoine social institués par cette loi visent notamment à assurer une meilleure répartition des populations au sein du parc social[35].

Cette fameuse répartition, comme objectif venu d'en haut, vient renforcer tout l'arbitraire de l'attribution des logements sociaux. Elle permet d'opérer une sélection qui valorise les hauts revenus et met en œuvre « des catégorisations ethniques produites socialement [...] intériorisées et mobilisées par des individus, avec intention ou non de discriminer, et [qui] fonctionnent au détriment des étrangers ou présumés tels[36]. »

Il y a des précédents à cette politique : les pratiques des municipalités communistes de la ceinture rouge sont bien connues. Comme l'écrit Sadri Khiari, la répartition de l'immigration y avait déjà cours dans les années 1970 sous « couvert de prétextes sociaux, d'alibis "antiracistes" ou au nom de la "défense des travailleurs immigrés contre les marchands de sommeil", eux-mêmes souvent immigrés ». Cette parenté « prolétarienne », prétendument vertueuse, de la répartition urbaine des non-Blancs présente un intérêt certain pour appréhender la notion de mixité sociale. Des années 1970 à aujourd'hui, le phénomène correspond à une concurrence entre les classes populaires blanches et les classes populaires non-blanches. Elle coïncide avec le déclin de l'État national-social qui associait citoyenneté et droits sociaux, de sorte que « la "blanchitude" est le dernier privilège accordé par la République aux classes populaires blanches[37]. » Le démantèlement de l'État-providence laisse aux municipalités les moins favorisées le soin de gérer la misère et de ménager une base sociale blanche en voie de prolétarisation qui trouve une gratification à se séparer des populations « à problèmes ».

> *[Un communiste] ne doit pas se croire supérieur à l'indigène parce qu'il porte un chapeau au lieu d'un fez, ou qu'il invoque le nom de Jésus au lieu d'Allah, il doit se rendre compte que vis-à-vis de l'indigène il est un « privilégié » dont le privilège ne repose en dernière analyse que sur la force des baïonnettes, que sa situation de citoyen français le met par rapport à l'indigène dans la même position « d'exploiteur » que celle où se trouve son patron par rapport à lui, et cela doit l'inciter à beaucoup de modestie.*
>
> *Robert Louzon,* Bulletin communiste : organe du Comité de la Troisième Internationale, 1922.

La « mixité sociale » ne constitue pas la seule métaphore du racisme qui tend à avoir des implications légales. Il en va de même pour l'islamophobie.

À défaut de dire « sale Arabe », il est aujourd'hui de bon ton de parler des « barbus », des « voilées », du « péril islamiste », de « fous d'Allah », d'« intégristes », de « terroristes », d'« obscurantistes » et autres « fanatiques ». Ces métaphores vertueuses[38] du racisme qui ont cours ces dernières années, si elles ne traduisent pas nécessairement une « montée » du racisme, lui donnent en tout cas droit de cité et lui apportent une certaine régénérescence : de nouveaux arguments, un nouvel imaginaire et des possibilités d'inscription dans la législation. Parmi les derniers exemples en date de cette fièvre législative, on compte la loi du 15 mars 2004 dite « sur le voile à l'école », celle du 11 octobre 2010 dite « antiburqa » et l'annonce par Luc Chatel d'un décret interdisant l'accompagnement des sorties scolaires aux mères portant le foulard («proposition [qui] vient d'être reprise dans le programme de l'UMP pour 2012 – parmi 26 propositions tout aussi inquiétantes, légalisant notamment la discrimination à l'embauche contre les femmes portant le foulard, y compris dans le secteur privé[39] »). Si les textes qui fondent ces nouvelles législations prohibitionnistes évitent de désigner directement les musulmanes comme cible première, les débats suscités n'ont pas d'autre objet. À chaque fois, la femme musulmane devient le faire-valoir des offensives les plus sécuritaires, les plus sexistes et les plus racistes – et ce à son corps défendant et contre ses droits les plus fondamentaux. Déjà en 2003, les signataires de la pétition «Oui à la laïcité, non aux lois d'exception» nous rappelaient que le foulard recouvre des réalités multiples. Malgré les «appréciations diverses, voire divergentes, de sa signification», les signataires estimaient que, «dans tous les cas (que le foulard soit imposé aux jeunes filles ou qu'il résulte d'un choix), l'exclusion est la pire des solutions[40].» Contrairement à ce qu'on a voulu nous faire croire,

> le positionnement à adopter face à la loi interdisant le voile à l'école n'avait rien d'une «question complexe». Il aurait dû aller de soi, pour toutes les forces progressistes, mais aussi pour l'ensemble des personnels de l'école laïque, que l'interdiction n'avait pas lieu d'être, puisqu'elle ouvrait la porte à des exclusions lourdes de conséquences et contraires au principe du droit à l'éducation pour tous et toutes[41].

En 2010, en punissant d'amende toute femme qui s'aventurerait à sortir avec un voile sur le visage, une nouvelle fois, «sous couvert de libérer les femmes, on les traite comme des délinquantes et on les condamne à rester chez elles[42]. » Le décret Chatel viendra s'ajouter à ces lois d'exception pour les musulmans, encourageant des pratiques individuelles vexatoires, des règlements illégaux[43] et des applications zélées du « principe de laïcité[44] ». Et c'est précisément la fonction de ces lois d'exception : puisqu'elles ne disent jamais véritablement leur objet, chacun est libre de s'en saisir pour mettre en œuvre les discriminations racistes qu'il juge « nécessaires » au nom d'une vertueuse pseudo-laïcité ou en invoquant un prétendu intérêt pour « les droits des femmes ». Un seuil est franchi.

Évidemment, le cadre légal nous permet aussi de dénoncer ou d'attaquer ces débordements : c'est ce à quoi s'emploie par exemple le Collectif contre l'islamophobie en France (CCIF) qui recense les actes et propos islamophobes signalés, et appuie les victimes par le biais d'outils juridiques. La revendication de ce type d'organisation en lutte contre l'islamophobie réside dans l'idée que la loi doit être la même pour toutes et tous. Il s'agit de montrer combien les musulmans ne sont pas confrontés à la même légalité que les autres. Cet angle d'attaque, s'il est tout à fait légitime, pose un problème : il fait des musulmans une catégorie de non-Blancs défendables parce que soumis à une législation *évidemment* exceptionnelle. C'est oublier que pour les non-Blancs, dans leur ensemble, l'exception est la règle : ce qui vaut pour tout le monde vaut différemment pour eux. C'est donc l'ensemble des dispositifs légaux qui doit être interrogé sous l'angle de la race. Cette prise en compte nous permettrait de révéler un double mouvement à l'œuvre dans l'escalade autoritaire du pouvoir : une généralisation de l'exception et une exceptionnalisation du droit commun.

S'il nous semble important de conclure cet état des lieux sur la généralisation de l'exception, c'est pour montrer combien les Blancs devraient également s'inquiéter du sort réservé aux descendants de colonisés, puisque les mesures prises contre ces derniers viennent, plus vite qu'on ne le croit, contaminer les droits et devoirs de l'ensemble de la société. Prenons pour exemple la création en 2003 du délit d'outrage au drapeau ou à l'hymne national. En 1999 déjà, Rudy Salles, député UDF auteur de l'amendement voté, déposait une première proposition de loi en ce sens mais, comme il le dit lui-même : « Il a fallu les sifflets du match France – Algérie en 2001 pour que l'on s'en préoccupe[45]. » Qu'est-ce qui a bien pu susciter une telle préoccupation ? Une semaine après le fameux match qui a vu *La Marseillaise* perturbée par des sifflets, 56 % des personnes interrogées lors d'un sondage Ipsos jugeaient que ces incidents « témoign[ai]ent des difficultés d'intégration d'une partie de la population française d'origine musulmane. » Ainsi donc, le « Blanc qui siffle *La Marseillaise*, on va le tolérer plus facilement que l'Arabe qui la siffle… L'Arabe sera un "raciste anti-Français", le Blanc sera juste un "gauchiste". L'Arabe n'a pas le droit d'être un gauchiste[46] ! » Et quand on interdit à l'Arabe d'être un « gauchiste », on parvient finalement à enlever aussi ce droit au Blanc. Les Blancs sont les victimes collatérales d'un processus qui consiste à user du droit commun pour infliger un traitement exceptionnel aux descendants de colonisés : c'est ce que nous entendons par exceptionnalisation du droit commun. On voit combien il est difficile de distinguer – tant ces mouvements s'enchevêtrent – le processus par lequel la loi qui s'applique à tout le monde intègre des dispositifs initialement élaborés contre les sujets d'exception, et le processus inverse par lequel la loi qui s'applique à tout le monde frappe de manière différentielle les descendants de colonisés. Cet enchevêtrement participe du perfectionnement du pouvoir autoritaire, tant dans sa légitimation (auprès de sa base blanche) que dans son renforcement (à l'encontre de tous). C'est pourquoi tous les secteurs d'activité du pouvoir étudiés tout au long du présent ouvrage sont traversés par l'enjeu racial. À chaque fois, il est indispensable de spécifier le rapport des institutions avec les personnes non-blanches : un rapport d'exception.

> *Une société est raciste ou ne l'est pas. Tant qu'on n'aura pas saisi cette évidence, on laissera de côté un grand nombre de problèmes.*
> *Frantz Fanon,* Peau noire, masques blancs
>
> Si nous voulons battre en brèche les logiques racistes, nous avons donc besoin d'un plan d'ensemble. Pour que ce plan d'ensemble puisse se déployer et gagner en efficacité, il ne peut pas se borner à une ou quelques propositions – puisque le racisme constitue lui-même une logique d'ensemble. Notre démonstration tend justement à montrer que le privilège blanc fait système parce qu'il investit des domaines complémentaires. Les dispositifs de luttes contre la discrimination, sur le modèle de l'action affirmative, ne peuvent pas, par exemple, se borner à l'entreprise. Il ne s'agit pas, en effet, de s'engager dans une réforme qui a pour seul but d'assurer au système raciste un fonctionnement plus adapté à l'économie capitaliste.
>
> Ces mesures doivent être inévitablement accompagnées de plans d'action touchant au logement comme à la question urbaine en général. Mais pas de n'importe quelle manière : aujourd'hui, promouvoir la « mixité sociale » sert non pas à lutter contre l'apartheid mais, au contraire, permet aux classes supérieures blanches de grignoter de plus en plus le tissu urbain.

L'introduction de statistiques sur des bases raciales doit permettre la mise en place d'un observatoire de l'inégalité des traitements et des situations raciales. Il faudra alors s'engager dans la définition d'objectifs de promotion positive par et entre branches économiques, par entreprises et par quartiers d'habitation. Il faudra en outre définir de sévères sanctions financières et fiscales si les quotas définis et les autres dispositifs imposés ne sont pas respectés.

Autre exemple, il serait illusoire de prétendre lutter contre les discriminations sans renverser la politique d'immigration et, au-delà, la politique de la France vis-à-vis de ses anciennes colonies.

Aussi juste et cohérent que soit ce plan d'ensemble, compte tenu des obstacles administratifs et des crispations qu'il ne manquerait pas de faire naître, ses mesures ne peuvent pas s'imposer bureaucratiquement avec, pour seule garantie, un contrôle par en haut. Ce plan d'ensemble doit bénéficier de l'appui d'organisations de la société civile et de la représentation des principaux concernés. Pour que cette représentation soit effective, l'attitude des pouvoirs publics à leur égard doit être modifiée. Ces derniers ne devraient en aucun cas privilégier, et même subventionner, des mouvements qui ne se distinguent que dans leur fonction de contrôle ou dans leur aptitude d'encadrement. Cette représentation doit se construire autour d'organisations autonomes et indépendantes afin que leur prise de parole ne soit pas biaisée.

Ces organisations ont par ailleurs un rôle à jouer en dehors de la mise en application d'un tel plan d'ensemble. Elles doivent également avoir leur mot à dire quant à la constitution de nouveaux savoirs. En effet, au-delà du logement, de l'entreprise, c'est aussi l'enseignement qui est à reconfigurer : « Face à l'histoire coloniale que reproduit constamment la République, une histoire excluante et stigmatisante, il s'agit d'opposer aujourd'hui une autre lecture de l'histoire qui reconnaisse l'histoire des vaincus et réinsère [les non-Blancs] dans l'histoire du monde[47]. » Il faut, en effet, tout mettre en œuvre pour dépasser le modèle de la *République une et indivisible* : c'est une nouvelle vision de l'identité qui est ici en jeu.

Il n'en reste pas moins que ces mesures ne doivent pas être pensées comme une fin en soi mais comme les points d'appui d'une transformation plus profonde. Face aux violences policières – ces crimes d'État – face à l'ampleur de l'oppression, ces mesures d'urgence sont loin de suffire. Il nous faut les envisager comme les possibles revendications d'une large mobilisation à venir, susceptible de les insérer dans une démarche plus globale qui pourrait se dire en un seul mot d'ordre : en finir avec la suprématie blanche.

1. Pierre Tevanian, « La question blanche », in *La Mécanique raciste*, éditions Dilecta, 2008.
2. Article 225-1 du code pénal, modifié par la loi du 23 mars 2006.
3. « Statistiques contre discriminations », pétition parue dans *Le Monde*, le 12 mars 2007.
4. *Ibid.*
5. Jean-François Amadieu, Patrick Weil, Dominique Sopo, Samuel Thomas et Mouloud Aounit, « Engagement républicain contre les discriminations », *Libération*, 23 février 2007.
6. Les mêmes qui s'inquiètent de la classification raciale n'ont rien à redire contre la classification selon le sexe. Là où la critique féministe et la critique antiraciste ont convergé, c'est pourtant bien dans la démarche qui consistait à questionner la pertinence de marqueurs biologiques dans l'espace social. Pas plus que le sexe, la race n'est recevable scientifiquement pour classer (et hiérarchiser) les êtres humains.
7. Pierre Tevanian, « Pour en finir avec l'antiracisme d'État », in *La Mécanique raciste*, *op. cit.*
8. Intervention, samedi 11 septembre 2010 à Montreuil (93), à l'occasion du rassemblement « Les Roms, et qui d'autre ? », publiée sur le site de *Mediapart*.
9. Sadri Khiari, *Pour une politique de la racaille. Indigènes, immigrés, jeunes de banlieue*, Textuel, 2006.
10. *France: des policiers au-dessus des lois*, rapport d'Amnesty International, avril 2009.
11. Corinne Chevalier et François Lebeaupin, « La population des zones urbaines sensibles », *Insee Première* n° 1328, décembre 2010.
12. Open Society Justice Initiative, *Police et minorités visibles: les contrôles d'identité à Paris*, Open Society Institute, 2009, p. 53, p. 51.
13. « La couleur du jugement. Discriminations dans les décisions judiciaires en matière d'infractions à agents de la force publique (1965-2005) », *Ophrys, Revue française de sociologie,* Volume 48, 2007/2.
14. L'expression désigne des comportements qui, sans discriminer intentionnellement, produisent un traitement inégalitaire. Voir « discrimination indirecte » *in* Collectif Manouchian, *Glossaire critique des notions liées aux discriminations racistes*, disponible sur lesfiguresdeladomination.org.
15. Les Québecois traduisent pour leur part *affirmative action* par « action positive », ce qui connote bien différemment les mesures impliquées par cette politique.
16. Christine Delphy, « Pour l'égalité : action positive plutôt que parité », communication présentée le 14 mai 1996 devant Gisèle Halimi et Roselyne Bachelot, représentant l'Observatoire de la parité, in *Classer, dominer. Qui sont les « autres » ?*, La fabrique, 2008.
17. Christine Delphy, *Un universalisme si particulier. Féminisme et exception française 1980-2010*, Syllepse, 2010.
18. Pierre Guerlin, « Sémantique, rhétorique et idéologie : la construction polémique du débat sur l'*affirmative action* », *Revue française d'études américaines,* n° 81, juin, cité *in* Patrick Le Tréhondat et Patrick Silberstein, *Vive la discrimination positive ! Plaidoyer pour une république des égaux*, Syllepse, 2004, p. 30.
19. « On a beau les encenser, le traitement réservé aux deux jeunes vedettes du gouvernement, d'ailleurs, n'est lui-même pas exempt d'ambiguïtés. Évoquant sa rencontre avec sa protégée Rachida Dati, l'ancien garde des Sceaux Albin Chalandon se souvient avec condescendance qu'elle était déjà pleine de qualités, mais « sous la coupe d'un père terriblement ancré dans sa culture ». Cf. aussi la lourde insistance sur la « beauté » des deux jeunes femmes, sur les « yeux de biche » de Rachida Dati, le qualificatif de « perle noire » appliqué à Rama Yade », in Mona Chollet, *Rêves de droite. Défaire l'imaginaire sarkozyste*, Zones, 2008.
20. Voir le manifeste « Nous ne sommes pas des modèles d'intégration », *La revue internationale des livres et des idées*, n° 7, septembre-octobre 2008.

21. Yazid Sabeg, Yacine Sabeg, *Discrimination positive*, Paris, Calmann-Lévy, 2004, p. 126.
22. Yazid Sabeg s'est vu nommer commissaire à la diversité et à l'égalité des chances en décembre 2008 par Nicolas Sarkozy.
23. «Un "Commissaire à la Diversité et à l'Égalité des chances", tiens donc ? ! », La rédaction, *Le Porte-voix*, publication semestrielle de l'ALDA (Association de Lutte contre les Discriminations, Alsace), n° 4, mai 2009.
24. 11 octobre 1940, discours du maréchal Pétain annonçant le programme de «révolution nationale».
25. La rédaction de l'ALDA, art. cit.
26. *Ibid.*
27. *Ibid.*
28. Bien que déjà très insuffisante, la HALDE a été supprimée en mars 2011. Ses missions ont été transférées au Défenseur des droits qui cumule également les activités qui étaient jusqu'alors attribuées au médiateur de la République, au Défenseur des enfants et à la Commission nationale de déontologie de la sécurité.
29. Fabrice Dhume et Nadine Sagnard-Haddaoui, *Les Discriminations raciales à l'emploi. Une synthèse problématique des travaux*, document produit dans le cadre de Talents, avril 2006, p. 14.
30. Milena Doytcheva, *Une discrimination positive à la française ?*, Paris, La Découverte, 2007, p. 40.
31. *Ibid*, p. 77.
32. Nous empruntons cette formule à Saïd Bouamama, in *L'Affaire du foulard islamique : la production d'un racisme respectable*, éditions Le Geai Bleu, 2004.
33. Pierre Tevanian, Sylvie Tissot, «La mixité contre le choix. À propos des ambiguïtés de la politique publique de lutte contre les ghettos», *Les Mots sont importants* (http://lmsi.net), mai 2004.
34. *Ibid.*
35. Sylvie Tissot, «Une discrimination en douce. À propos des inégalités dans l'accès au logement social», *Plein droit*, n° 68, avril 2006.
36. *Ibid.*
37. Sadri Khiari, *La Contre-révolution coloniale en France. De de Gaulle à Sarkozy*, La fabrique éditions, 2009, p. 186, 188.
38. Nous reprenons ici la formule de Pierre Tevanian, in *La République du mépris. Les métamorphoses du racisme dans la France des années Sarkozy*, La Découverte, 2007.
39. Pétition «Mamans Toutes Égales ! Non à l'exclusion des mères portant le foulard», disponible sur http://mamans-toutes-egales.tumblr.com/
40. http://lmsi.net/
41. Pierre Tevanian, «Ce que voile le voile... et ce qu'il dévoile», préface au livre de Saïd Bouamama, *L'Affaire du voile, ou la production d'un racisme respectable*, *op. cit.*
42. Communiqué du Collectif féministe et antiraciste de Rennes, «Non à la récupération raciste du féminisme ! Non à la loi d'interdiction du port du niqab ! », avril 2010.
43. En mars 2010, des élèves du lycée Auguste Blanqui à Saint-Ouen ont été menacées d'exclusion, la direction de l'établissement considérant leurs robes noires longues et très larges comme «un signe ostentatoire de religion».
44. En vue de la célébration d'un mariage civil, une «employée de la mairie de Neuilly-sur-Marne avait ainsi pris l'initiative d'entrer en contact avec le couple de futurs mariés pour leur faire savoir que la jeune femme devrait retirer son foulard lors de la cérémonie», communiqué du Collectif contre l'islamophobie en France (CCIF), http://www.islamophobie.net/.
45. *Le Parisien*, 1er novembre 2009.
46. Saïd du MAP (Ministère des Affaires Populaires) dans un entretien réalisé par Pierre Tevanian, «Les Bronzés font du Chti», *Mouvements*, n° 57, 2009/1.
47. Sadri Khiari, *Pour une politique de la racaille*, *op. cit.*, p. 121.

Critique de la répression des enfants : Du chenapan au petit caïd

Carlo Santulli

Il faut protéger les enfants dont il faut se protéger. Le traitement juridique de l'enfance reflète cette ambivalence œdipienne : protection de l'enfance et proclamation des droits de l'enfant d'un côté ; dureté de la répression contre la menace que constitue l'enfant criminel de l'autre. Cette tension dans la réglementation juridique n'est certainement pas neuve, ce qui ne rend pas moins remarquable son exaspération dans la période néoconservatrice de l'histoire législative française, attachée précisément à démanteler les acquis de la Libération, y compris le traitement pénal des enfants organisé par l'ordonnance du 2 février 1945.

Sous l'angle pénal, en particulier, la protection de l'enfance est désormais utilisée pour justifier une cruauté totale à l'encontre du « prédateur », surtout sexuel : l'enfant victime est devenu un sanctuaire dont la profanation appelle un châtiment sans indulgence. À l'opposé cependant, l'enfant criminel, détectable dans sa dangerosité dès le plus jeune âge – et d'autant plus facilement identifié qu'il est « bronzé » et « à capuche » – doit être réprimé avec une rigueur exemplaire.

Les « réformes » néoconservatrices : ce qu'il faut abroger

Les « réformes » s'empilent dans un brouillard qui s'épaissit à mesure que la réflexion sur la spécificité de l'enfance disparaît du débat politique, puis législatif.

Il est assez inutile et bien fastidieux de répertorier l'ensemble des mesures qui ont progressivement « détricoté » l'approche préventive et individualisée retenue par l'ordonnance du 2 février 1945 sur l'enfance délinquante. Certaines de ces législations sont d'ailleurs antérieures à l'élection de Nicolas Sarkozy. Je me contenterai d'en mentionner quelques-unes, qui me paraissent représentatives de l'approche retenue – qui consiste à réagir au fait divers et éparpiller les mesures techniques en faisant l'économie d'une réflexion d'ensemble :

– la loi n° 2004-204 du 9 mars 2004 « portant adaptation de la justice aux évolutions de la criminalité », dite « loi Perben II », qui « adapte » le droit français en étendant aux mineurs de seize à dix-huit ans les règles de procédure applicables à la « grande criminalité » ;
– la loi n° 2011-939 « sur la participation des citoyens au fonctionnement de la justice pénale et le jugement des mineurs », et spécialement son article 33 autorisant le procureur de la République à faire convoquer directement un mineur par un officier de police judiciaire devant le tribunal pour enfants sans instruction préparatoire (traduction : pas de garantie d'un examen préalable au procès tenant compte de la situation spécifique de l'enfant) ; cette loi est applicable aux mineurs de plus de seize ans poursuivis pour un délit puni d'au moins trois ans d'emprisonnement et aux mineurs de plus de treize ans (*sic*) poursuivis pour un délit puni d'au moins cinq ans d'emprisonnement (le Conseil constitutionnel a réussi à le déclarer conforme à la Constitution, c'est à noter). Son article 32, relatif au juge des enfants,

prévoit que si «le délit est puni d'une peine égale ou supérieure à trois ans d'emprisonnement et [...] a été commis en état de récidive légale par un mineur âgé de plus de seize ans, il [le juge des enfants] ne pourra rendre de jugement en chambre du conseil et sera tenu de renvoyer le mineur devant le tribunal correctionnel pour mineurs». Le renvoi en correctionnelle est tout aussi «obligatoire» pour le juge d'instruction (article 34). L'article 49 organise le «tribunal correctionnel des mineurs», compétent pour juger les mineurs âgés de plus de seize ans poursuivis pour un ou plusieurs délits punis d'une peine d'emprisonnement égale ou supérieure à trois ans et commis en état de récidive légale, composé de trois magistrats du tribunal de grande instance ainsi que, pour certains délits, de deux «assesseurs citoyens» (déclaré conforme à la Constitution au seul prétexte qu'il demeure présidé par le juge des enfants);
– la loi n° 2011-267 du 14 mars 2011 «d'orientation et de programmation pour la performance [*sic*] de la sécurité intérieure», dont l'article 11 insère dans le code de procédure pénale un nouveau chapitre consacré aux fichiers de police judiciaire permettant de conserver des informations sur les mineurs – à noter l'article 43 qui permet au préfet, et par mesure individuelle au tribunal pour enfants, d'instituer un couvre-feu pour les mineurs;
– la loi n° 2006-396 du 31 mars 2006 parue au JO n° 79 du 2 avril 2006 «pour l'égalité des chances» (l'ironie en jeu à la lecture de ces titres officiels est décidément indéniable) qui institue en son article 48 un «contrat de responsabilité parentale» conclu entre le président du conseil général et les parents d'un mineur en cas d'absentéisme

scolaire, de trouble porté au fonctionnement d'un établissement scolaire ou de toute autre difficulté liée à une carence de l'autorité parentale, et permet à ce même président, « lorsqu'il constate que les obligations incombant aux parents ou au représentant légal du mineur n'ont pas été respectées ou lorsque, sans motif légitime, le contrat n'a pu être signé de leur fait », de suspendre les prestations familiales attachées à l'enfant ;

– la loi n° 2007-1198 du 10 août 2007 « renforçant la lutte contre la récidive des majeurs et des mineurs », et tout particulièrement son épouvantable article 3 qui modifie l'ordonnance de 1945 en restreignant l'application de l'atténuation de la peine aux mineurs de 16 à 18 ans en cas de récidive (l'atténuation de peine peut être écartée pour le mineur de plus de 16 ans dès la première récidive pour une série de crimes et délits, sauf exception motivée, ainsi qu'à chaque fois que « les circonstances de l'espèce et la personnalité du mineur le justifient ») ;

– la loi n° 2011-334 du 29 mars 2011 « relative au défenseur des droits » qui a supprimé, au profit de ce dernier, le défenseur des enfants (ainsi que le médiateur de la République et la Commission nationale de déontologie de la sécurité).

Il résulte de cette nébuleuse (dont je n'ai esquissé que quelques étapes) un régime juridique incohérent, qui n'abandonne pas ouvertement l'approche de l'ordonnance de 1945 (prévention et spécificité de la situation de l'enfant) mais qui la vide, de fait, de sa portée. Il faut commencer par abroger ces textes. Mais il faut également observer que l'incohérence du *traitement* juridique de l'enfant est le pendant d'une fuite devant les difficultés que soulève la *définition* de l'enfant.

Identification de l'enfant:
celui qui est soumis à l'adulte.

Il existe une définition du «majeur» fondée sur le seuil, évidemment arbitraire, de 18 ans. À partir de cet âge, du jour au lendemain, le principe est bien la maturité juridique, et l'application intégrale des instruments répressifs. Mais pour que la responsabilité pénale proprement dite soit établie, il suffit que la personne ait la capacité de discernement, et dès lors la conscience de l'acte criminel (la *mens rea*). À défaut d'être fixée par un seuil légal, l'existence du discernement est appréciée au cas par cas, la jurisprudence ayant tendance à reconnaître un tel discernement à partir de 8-10 ans. En sens inverse, le «majeur», apte à voter et capable de contracter, peut pourtant rester, et à bon droit, un «enfant à charge» de ses parents aux fins fiscales jusqu'à 21 ans, voire 25 ans s'il poursuit des études (à condition qu'il soit célibataire et qu'il n'ait pas lui-même des enfants à charge). Par ailleurs, on peut être «émancipé» dès 16 ans. Enfin, suivant que le seuil de 13 ou de 15 ans (qui coïncide avec ce qu'on appelle la «majorité sexuelle» pour désigner l'aptitude légale à consentir un rapport sexuel) sera atteint, un traitement pénal différencié sera réservé à l'«enfant».

8, 10, 13, 15, 16, 18, 21, 25: la sortie de l'enfance est bien difficile à déterminer (fixer le début de l'enfance à la naissance, au demeurant, est même contesté par les *pro-life*, qui voudraient l'associer à la conception).

Tous ces seuils, ou du moins leurs effets, varient au gré des mouvements politiques et, désormais, du choix médiatique d'élire tel ou tel autre fait divers à la dignité de l'«exemplarité» sociétale. La seule solution juridique constante, plus ou moins en vigueur depuis que la Bible fait loi, figure aujourd'hui à l'article 371 du code civil: «L'enfant, à tout âge, doit honneur et respect à ses père et mère.» Conception formidable qui associe la sortie de l'enfance au décès des géniteurs, car seul ce dernier mettrait un terme au devoir légal et «naturel» d'honorer et respecter ses père et mère, quel que soit d'ailleurs l'âge auquel il intervient.

L'analyse retenue par la norme inscrite à l'article 371 du code civil construit à rebours, sinon une cohérence, du moins un fil conducteur, un éclairage permettant de cerner les différents seuils qui déterminent la sortie légale de l'enfance. L'enfant ne se définit pas tant par son âge que par un état de subordination, d'assujettissement à l'égard de ses parents: la dépendance financière (qui est, semble-t-il, une «charge» pour les parents) et le rattachement fiscal, la soumission à la «responsabilité» parentale (reflet de l'irresponsabilité pénale), l'incapacité sexuelle, le devoir éternel d'«honneur et respect», etc.

Le rapport d'autorité qui constitue l'enfant n'est certes pas toujours «naturel». La «puissance paternelle», en particulier, est devenue «autorité parentale», et cette dernière peut être confiée au parent adoptif, au parent «d'accueil», voire à la nation. En un sens, d'ailleurs, la soumission originelle au *pater familias* dans nos sociétés patriarcales n'était pas naturelle mais construite et putative, comme l'est toujours par nature – et sauf le respect dû aux tests ADN – la paternité.

Quoi qu'il en soit de l'identification du détenteur de l'autorité parentale, l'enfant est caractérisé par sa subordination à cette autorité. C'est par ce lien inégal que les normes sociales en général, et le droit en particulier, appréhendent l'enfant. Le propos n'est pas ici d'imaginer une société d'enfants, pas plus qu'une société de parents. Je renonce également au désir d'avancer une conception de l'enfant libéré de ce rapport d'autorité. Il me semble, en revanche, qu'il est impossible de juger une politique législative sans tenir compte de ce qui fait la spécificité de la situation juridique et sociale de l'enfant, tout comme il est inimaginable d'envisager les droits du travailleur sans tenir compte de sa subordination hiérarchique à l'employeur, ou bien d'essayer de comprendre le droit des étrangers sans considérer la puissance territoriale à laquelle ils sont livrés (mais j'admets que ce dernier rapport est à ce point occulté qu'on finit par voir dans l'assujetti, l'étranger, spécialement s'il est musulman, une sorte de corsaire venant troubler la paix sociale des gens comme il faut).

Traitement pénal de l'enfant : punir l'enfant monstrueux pour protéger l'adorable bambin

Identifié par sa subordination au parent, le traitement juridique de l'enfant est nécessairement orienté par ce lien spécifique. Le législateur va donc « organiser » le rapport d'autorité qu'il se contente de tenir pour donné. Il sera ainsi amené à déterminer les droits dont dispose l'enfant pour résister aux parents (comme les droits du travailleur vis-à-vis du patron et, idéalement, les droits de l'étranger vis-à-vis de l'État territorial) ; les limites aux pouvoirs des parents vis-à-vis de l'enfant (comme celles qui devraient être imposées à l'employeur ou à la puissance territoriale) ; les conditions de la responsabilité des parents du fait du comportement de l'enfant (pendant de la responsabilité de l'employeur du fait du préposé ou de celle, très hypothétique, de l'État du fait de la mauvaise utilisation des pouvoirs de police des étrangers) ; les sanctions attachées aux mauvais comportements de l'enfant (comme celles, également grandissantes, qui s'appliquent aux travailleurs et aux étrangers) ; les sanctions appliquées aux atteintes contre les enfants (les travailleurs, les étrangers).

Il est aisé de comprendre que, au-delà de la technicité fastidieuse et enjoliveuse du jargon législatif, le renforcement ou l'allégement de la règlementation relative à ces différents points correspond à un choix idéologique « autoritaire » ou « progressiste ». Renforcer les droits de l'enfant, limiter les pouvoirs du titulaire de l'autorité parentale, réduire la responsabilité du fait des personnes dont on a la garde, affaiblir les sanctions applicables aux enfants, revient à faire le choix de l'émancipation progressive de l'enfant, et donc de sa liberté. C'est une direction opposée qui a été empruntée ces dernières années, sur chacun de ces points.

Les nombreuses lois pénales qui sont allées s'empilant dans la France sarkozyste peuvent être réduites, certainement en simplifiant, à un modèle dynamique en trois temps. Premier temps : c'est le moment de la mise en scène du fait divers. La société se réveille avec effroi face à l'apparition du monstre. Le corps social, et l'humain qui reste en chacun de ses membres, est révolté par le « prédateur » télévisé qui viole et massacre les enfants en brisant des familles heureuses.

Deuxième temps : l'humanité crie vengeance. Il faut torturer, empaler, écarteler puis, si encore possible, rôtir le prédateur à petit feu. Rétablissement de la peine capitale, castration chimique et prison à vie sont les équivalents « civilisés » de la même « philosophie » : pas d'humanité pour les ennemis de l'humanité.

Troisième temps : plus jamais ça ! Le besoin de répression provoqué par l'apparition du monstre est envisagé en termes de gestion du risque criminel. Ainsi naissent les « politiques répressives » néoconservatrices. Elles ne se fondent pas sur une analyse mais sur une émotion : la dérive antiterroriste, pénale et militaire, qui a suivi le 11 septembre étant simplement le chef-d'œuvre d'une méthode plus globale. Pour protéger sans laxisme, il faut donc durcir la répression du prédateur, mais c'est insuffisant. « Faut-il attendre le drame pour intervenir ? », fait-on semblant de se demander. « Évidemment non ! », répondent les gens responsables d'une seule voix. Ainsi, pour éviter qu'un jour, par le « laxisme de nos sociétés », l'enfant ne devienne à son tour prédateur, on étend aux enfants eux-mêmes la nécessaire sévérité…

Il ne faut pas s'étonner de ce paradoxe apparent : le constat de l'enfant victime contribue au durcissement de la répression des enfants. Il y a là un phénomène tout « naturel ». Si le crime est le symptôme d'un mal social et personnel, il faut redoubler les soins sociaux et individuels en amont, chez l'enfant, pour protéger la société. Si, en revanche, le crime est l'acte d'un monstre, il faut sévir avant qu'il ne soit trop tard, si possible dès l'enfance. La méthode législative fondée sur la réaction émotionnelle au fait divers imputé au monstre, plutôt que sur l'analyse rationnelle, conduit ainsi nécessairement à faire payer aux enfants ce que leur font les adultes.

Identification de l'enfant criminel : qui vole un œuf égorge un vieillard

Comment découvrir le futur monstre chez l'enfant ? Sur ce thème, on en a vu, lu et entendu de toutes les couleurs. Encore candidat, Sarkozy avait brisé le « tabou » en affirmant tout haut ce que les pires d'entre nous pensaient honteusement tout bas : la société peut détecter la criminalité dès la première enfance, et elle se doit d'intervenir avant qu'il ne soit trop tard. En pratique, cependant, les très savantes élucubrations produites par les théoriciens du bébé killer aboutissent toutes à l'adoption d'une même méthode infaillible : *qui vole un œuf, vole un bœuf*; et qui dit un gros mot à un policier égorgera donc une vieille dame ou violera un enfant.

Aucune autre solution n'est avancée, rien de rien. Le raisonnement est absolument imparable : un enfant adopte un comportement qui constituerait une infraction pénale s'il n'était pas, précisément, un enfant (*il vole un œuf*) ; on peut en déduire que, plus grand, il commettra un acte plus grave (*il volera un bœuf*) ; il faut donc sanctionner pénalement le premier acte, réel, pour protéger la société du second, hypothétique.

Je n'insisterai pas sur le principe idéologique qui anime la répression de l'enfance : chacun peut vérifier par ses propres investigations que le voleur de poule ne devient pas nécessairement un génocidaire, et que ce dernier se recrute souvent chez les « honnêtes hommes » qui, n'ayant jamais volé d'œuf, participent avec zèle et bonne conscience aux plus atroces des massacres.

Sur le plan pratique, l'inconvénient de cette politique répressive est qu'elle se heurte à une réalité dérangeante : à peu près tous les mineurs commettent au moins une fois une infraction pénale ; et elle expose donc virtuellement tous les enfants à la répression. D'ailleurs, une caractéristique du droit pénal français en vigueur tient précisément à ce qu'il est absolument impossible de mener une vie normale sans commettre assez régulièrement des infractions passibles d'une peine de prison. La situation est telle que parmi ces grands farceurs qui s'occupent de sauvegarder l'ordre public (police et parquet au premier chef), on a élaboré une sorte de « maxime humoristique », spirituellement colportée dans le milieu et courageusement dissimulée au grand public : « Accusez d'abord, on trouvera la qualification après ! »

La législation pénale française expose ainsi tous les citoyens à l'arbitraire de l'accusation de circonstance (« on trouvera la qualification après ») et les enfants font désormais de moins en moins exception. Tous les enfants étant virtuellement concernés, il est évident que police et procureurs n'ont ni les moyens ni l'envie de poursuivre toutes les infractions pénales commises par des mineurs. Ainsi, la loi étant inapplicable, la politique répressive tient lieu de loi.

Distinguer les enfants criminels : le diablotin et le jeune délinquant

Puisque nous sommes tous coupables, puisque nos enfants sont tous criminels, il revient à la politique répressive de choisir, dans la masse sociale criminelle, ceux qui seront effectivement poursuivis (et éventuellement punis). On sait ce qu'il en est pour les adultes : les immigrés et leur descendance, spécialement s'ils sont noirs ou arabes, sont les cibles usuelles (à condition toutefois qu'ils soient pauvres).

En effet, sans même considérer les penchants idéologiques et les réflexes de classe, l'aptitude à payer les honoraires d'un avocat, la capacité intellectuelle de dissimulation, les relations personnelles, l'environnement urbain et les autres caractéristiques sociales qui distinguent les classes conduisent naturellement au résultat que certains « responsables » ne prennent même plus la peine de dissimuler : les « clients » habituels des procédures correctionnelles sont « issus de l'immigration ». En réalité, ce « constat » effectué dans les grandes agglomérations françaises ne se retrouve guère dans l'ensemble des régions : ce sont les enfants du prolétariat qui sont châtiés, et dans les grandes agglomérations on les reconnaît parce qu'ils sont «issus de l'immigration» et portent une capuche.

Dans la France néoconservatrice, l'enfant «issu de l'immigration» est arbitrairement réputé en échec scolaire par «décision» du gouvernement, alors que les statistiques de l'INSEE prouvent le contraire. Il est tenu pour potentiellement criminel par le même procédé. Sauf que l'école et les tribunaux ne fonctionnent pas (encore) suivant la même logique. Tous les enfants vont à l'école, presque exclusivement les enfants des milieux défavorisés vont au tribunal. Il est dès lors facile de «prouver» que les jeunes délinquants sont «bronzés» et «à capuche», puisque ce sont les seuls systématiquement poursuivis.

L'extension capillaire de la législation pénale, en exposant tout le monde, facilite les choix arbitraires limitant la répression à certains. C'est le modèle autoritaire habituel. Les dominants disent aux dominés : nous sommes tous coupables, allez donc en prison ! Comment en sortir ?

Distinguer les enfants criminels (suite) : tel père, tel fils

Dans le cas spécifique de l'enfance, l'enjeu de la soustraction au modèle autoritaire se présente de façon originale car si le conservateur peut espérer que le prolétaire reste prolétaire, il sait que l'enfant deviendra un adulte. La logique économique de la contre-résistance, appliquée à l'enfance, peut donc seulement espérer que l'enfant de prolétaire (enfant d'immigré, en pratique, dans les grandes agglomérations) devienne un adulte prolétaire : précarité pour les enfants de précaires, chômage pour les enfants de chômeurs, chômage et précarité alternés pour les enfants du prolétariat…

Par un mécanisme répétitif guère étudié et à peu près universellement refoulé, les personnes d'âge mûr ne se demandent jamais à quel futur adulte elles mettent une mandale lorsqu'elles giflent un enfant.

Oui, tout est là : si l'enfant est vu comme une « graine de vaurien » destiné à ne rien valoir, on lui infligera assez naturellement les corrections haineuses que prévoit la législation néoconservatrice ; si, en revanche, on y voit un futur magistrat ou une nouvelle Marie Curie, on aura tendance à accompagner d'un clin d'œil complice et d'une tape sur les épaules la petite brimade. Ainsi, en même temps qu'on le punit, on préjuge nécessairement de l'avenir de l'enfant.

Appliquée à la mise en œuvre des politiques répressives par la police et par les parquets, cette idéologie réactionnaire a pour conséquence que l'infraction commise par l'enfant des classes dominantes est le fait d'un futur magistrat, ingénieur, médecin, entrepreneur, artiste, etc. : c'est la fantaisie sympathique d'un petit chenapan. Il faut donc que jeunesse se passe, et il n'y a sans doute pas lieu d'encombrer les tribunaux avec de telles histoires... À l'opposé, l'infraction commise par l'enfant du prolétariat, spécialement s'il habite dans la banlieue d'une grande ville, est le premier signe d'un danger qui guette la société : c'est le petit caïd, graine de dealer ou de braqueur, et il serait coupable de faire preuve de laxisme à son égard.

La lutte des classes mise en œuvre contre le prolétariat, associée à la nouvelle théorie des races qui se déchaîne contre les « enfants issus de la diversité (*sic*) », condamnés à devenir le prolétariat de l'humanité, est un élément déterminant dans la répression des enfants. Il est impossible d'en sortir si l'on n'accepte pas de voir dans le fils d'immigré de nos quartiers défavorisés « un futur quelqu'un » (présidente de la Cour de cassation ou présentateur à la télévision, par exemple), ou tout simplement (et ce serait encore mieux) « un enfant comme un autre ». Il suffirait de cela, sans même avoir à abroger les législations liberticides adoptées ces dernières années, pour que la répression des enfants tombe en désuétude, devenant inapplicable du fait de la disparition de l'idéologie qui, seule, en permet effectivement l'application : haine de classe et racisme néoconservateurs.

Conclusion : sortir de l'autoritaire

On l'aura compris, sortir du modèle autoritaire néoconservateur et contre-résistant suppose d'abord l'abrogation des principales « réformes » portées par cette idéologie. C'est un préalable utile (quoique, on l'a vu, pas décisif) que de revenir à la logique de l'ordonnance de 1945 : privilégier la prévention et individualiser les solutions à la situation réelle de l'enfant, notamment par une spécialisation des personnes appelées à décider de son sort.

Mais il faut également une déflation législative pénale ou, plus exactement, une réduction du nombre et du champ d'application des infractions pénales, de façon à réduire le rôle discriminatoire de la politique répressive.

L'essentiel, cependant, tient à un objectif social : renoncer à distinguer précocement, au stade de l'enfance, les futurs citoyens ; ne pas préjuger de l'avenir des enfants sur la base de leurs origines, en somme. C'est dire que seul un changement radical de notre organisation sociale peut servir efficacement l'émancipation des enfants des classes défavorisées.

La psychiatrie au service de la norme

Paul Machto

La psychiatrie française connaît des heures sombres

Sous l'injonction de Nicolas Sarkozy, elle devient de façon radicale un instrument au service d'une politique de la peur habilement entretenue, utilisant le moindre fait divers pour entretenir, renforcer, amplifier l'amalgame entre folie et dangerosité.

Cette association, folie et peur, existe depuis la nuit des temps. La folie est depuis toujours objet de fascination et de rejet. C'est, d'abord, la peur de la folie chez l'autre. Mais en fait, ne vient-elle pas voiler, cacher, détourner l'esprit de tout un chacun de la peur de la folie en soi ? Manifestation du rejet sur l'autre, de ce que chacun peut percevoir en soi d'étrange : du simple « qu'est ce qui me prend ? qu'est-ce qui m'a pris de réagir ainsi ? » au « que sont ces idées qui me surprennent, me dérangent, auxquelles je ne veux pas penser ? ». Quelle est cette tristesse qui nous envahit, ces peurs soudaines, inattendues, cette humeur, « la bile noire » qui nous submerge ? Ou parfois encore ces pulsions de violence contenue, d'agressivité inattendue. La folie de l'autre fait scandale parce qu'elle fait écho à la folie en soi-même. Ce scandale a toujours été insupportable.

Par le scandale qu'elle peut provoquer dans un groupe, dans une collectivité, lorsqu'elle fait irruption dans la cité, par exemple par un passage à l'acte incompréhensible ou exceptionnellement meurtrier, la folie fait vaciller le corps social. Le pouvoir actuel s'en est saisi pour en faire un outil de propagande de sa politique de la peur au service d'un projet de répression, d'enfermement et pour mettre en œuvre des instruments de contrôle et de gestion des populations dites « à risque ».

De « l'invention » du pédophile à la banalisation de la contrainte aux soins

Cependant l'orientation répressive avait commencé bien avant. Elle a été inaugurée à partir de 1997 avec les injonctions de soins aux « pédophiles ». Rappelons-nous : c'est dans le contexte de l'horreur de violences sexuelles et de crimes odieux à l'encontre d'enfants qu'émergea alors la notion de *pédophile* de façon extensive. Un appel, rédigé par des psychiatres, des psychologues cliniciens, des psychanalystes, des philosophes participant à l'association « Pratiques de la Folie », dénonça les projets de loi envisagés par le gouvernement de l'époque, étant donné que « l'obligation de soins par mesure judiciaire représente une atteinte grave à l'éthique médicale et à la citoyenneté ».

Ce texte apportait une analyse prémonitoire des dérives qui se sont imposées avec tant de facilité, sans aucun sursaut de la part de la majorité des professionnels, et qui ont dès lors participé à la construction de cette idéologie de la norme, de la contrainte, du contrôle et des soins obligatoires – qui s'est diffusée et qui a atteint son apogée avec la loi sur les « soins sans consentement » promulguée le 5 juillet 2011.

Dans l'appel des praticiens, il était énoncé que « les actes avaient tellement heurté la conscience de chacun, qu'il fallait en rendre raison : alors est venu le qualificatif de "maladie" au secours du malaise général. Il fallait que ces êtres soient "malades" pour commettre de tels actes : on parle alors de "pédophilie". On peut comprendre qu'une telle hypothèse ait quelque chose de rassurant puisqu'elle semble laisser intacte l'essence de l'humanité. Mais surtout elle laisse ainsi espérer, puisqu'il s'agirait de "maladie", que de telles aberrations puissent être vaincues avec les progrès de la science et les récidives prévenues. »

Mais ces « malades » ne se considérant pas comme tels, l'évidence s'imposait qu'il fallait leur imposer un traitement, quel qu'il soit, pour qu'ils renoncent à leurs actes. On est même allé jusqu'à proposer une castration chimique – certains délinquants sexuels, se repentant de leurs crimes, demandaient alors à « en bénéficier » pour être soulagés de leurs pulsions.

Le projet de « soigner » contre le gré du « patient » par décision de justice, les obligations de soins, puis les injonctions de soins (avec la loi sur les délinquants sexuels) se sont installés. Les juges découvrant cette opportunité, l'extension du domaine des injonctions de soins s'est rapidement imposée. En effet, de proche en proche, l'alcoolique, le fumeur de cannabis, le toxicomane ou les hommes maltraitants ont été contraints aux soins avec de plus en plus de facilité. C'est « la prison ou les soins » ! Ainsi le parallèle entre punition, sanction et soin est passé dans les mœurs.

Qu'en est-il de l'efficacité de telles orientations ? Nombre de personnes, sanctionnées par une injonction de soins, interrompent leur traitement dès la fin de la durée de la mise à l'épreuve. Si, pour quelques cas, une authentique rencontre avec un thérapeute peut se produire, cette association entre contrainte et thérapie est des plus malheureuses. Elle distille cependant une sorte d'évidence de l'obligation, une banalisation de la contrainte.

Il ne faut pas oublier que c'est à partir du scandale de la délinquance sexuelle que « soigner contre le gré des personnes » s'est imposé avec une nouvelle acuité, s'est étendu à toute déviance sociale.

Sarkozysme et turbo répressif

Ainsi, nous sommes passés à une tout autre dimension. « Protéger la société, éradiquer le crime » – intentions certes louables – ont été les arguments pour faire basculer et transformer le droit et les pratiques.

Les actes gouvernementaux ont débuté en février 2008 avec la loi de rétention de sûreté, dite loi Dati. Ils se sont poursuivis en 2009 puis en 2010, avec des circulaires aux préfets les enjoignant à augmenter l'enfermement psychiatrique comme la surveillance, et à entraver et limiter les sorties des hôpitaux psychiatriques. Enfin, la loi promulguée le 5 juillet 2011, sur les « soins » sans consentement, vient parachever, pour l'instant, l'édifice du contrôle.

Cette politique de la peur a été distillée dans tous les champs du social – le « jeune de banlieue », le délinquant, le récidiviste, le criminel sexuel, le pédophile, le toxicomane, l'étranger, l'immigré clandestin, le Rom. Elle trouve avec la folie un déploiement facile. L'équation folie-dangerosité-criminalité a été déclinée par Nicolas Sarkozy depuis son passage au ministère de l'Intérieur, avec la tentative d'inclure les prises en charge des malades mentaux dans la loi sur la prévention de la délinquance en février 2007. Maladie mentale et délinquance, la boucle était bouclée. L'opposition manifestée par les familles, les usagers de la psychiatrie, les professionnels eut raison de ce projet, mais celui qui allait devenir président de la République promettait d'y revenir.

Cette promesse a été mise en œuvre avec l'exploitation de faits divers dramatiques provoqués par des récidivistes.

La loi du 25 février 2008 relative à la rétention de sûreté fait rupture dans notre tradition juridique. Elle permet désormais l'incarcération dans des établissements spéciaux de personnes condamnées qui, bien qu'ayant purgé leur peine, seront privées de liberté du fait de leur « particulière dangerosité ».

L'association « Pratiques de la Folie », à nouveau, lançait en octobre 2008 la pétition « Non à la perpétuité sur ordonnance ! » Il y était dénoncé le fait que, pour la première fois dans notre droit, des individus puissent être enfermés sur décision judiciaire non pour sanctionner des actes délictueux ou criminels, mais en anticipation d'actes qu'ils n'ont pas commis. Robert Badinter, ancien garde des Sceaux, avait dénoncé dans cette loi une rupture majeure avec les principes fondamentaux de notre justice pénale.

Cette loi fait également rupture dans la tradition et l'éthique médicales, car c'est l'expertise médico-psychologique qui devient décisive. Alors que sa mission est de porter secours et de soigner, la médecine se trouve ici instrumentalisée dans une logique de surveillance et de séquestration. C'est le savoir psychiatrique qui légitimera l'incarcération d'individus sur un diagnostic de « particulière dangerosité ». La privation de liberté est ainsi parée des habits de la science, comme si le savoir des experts permettait de prédire les actes criminels d'une personne.

C'est une mystification et une confusion organisée des registres.

La loi sarkozyste pour les malades mentaux

Quelques semaines après le lancement de cette pétition, s'est produit, en novembre 2008, un fait divers terrible, le meurtre d'un étudiant dans une rue de Grenoble par un patient persécuté et halluciné, sorti sans autorisation de l'hôpital psychiatrique. Trois semaines après, Nicolas Sarkozy, s'autorisant de l'émotion provoquée dans l'opinion publique, prononça un discours à l'hôpital psychiatrique Erasme d'Antony (Hauts-de-Seine). Ce discours, s'il sidéra les personnalités du monde syndical, scientifique et associatif de la psychiatrie présentes – qui restèrent cependant sans réaction – eut l'effet d'un coup de tonnerre : nombre de professionnels entendirent là une déclaration de guerre contre les soins psychiatriques dignes et humains. Une phrase du président de la République résume l'orientation politique décidée : « Tous les malades mentaux sont potentiellement dangereux, voire criminels ! »

Malgré une mobilisation sans précédent du monde de la psychiatrie, notamment sous l'impulsion et l'inventivité d'un Collectif spontanément constitué dans les quinze jours après ce sinistre 2 décembre – le Collectif des 39 contre la Nuit Sécuritaire – le gouvernement est parvenu, aux prises avec sa propre majorité, à faire voter par l'Assemblée une loi dont le caractère antithérapeutique est patent, dont la justification sécuritaire est liberticide. Cette loi transforme radicalement les pratiques dans un sens répressif, policier, et induit une approche des malades marquée par la peur puisqu'ils sont perçus d'emblée comme potentiellement violents.

Niant l'objectif totalement sécuritaire qui a présidé à ce texte de loi, le gouvernement a abusé de boniments et de falsifications, méprisant le rejet de la quasi-totalité des professionnels de la psychiatrie – fait absolument inédit dans l'histoire de cette discipline – dont des syndicats et des associations bénéficiant, pour l'occasion, du soutien de plusieurs associations de psychanalystes. Pour atteindre ses objectifs, le gouvernement s'est appuyé, dans une manœuvre habile, sur une alliance avec le président de l'association la plus importante de familles de malades mentaux, l'Unafam, particulièrement mobilisée sur une approche contraignante des soins et des équipes soignantes, avec le président de la conférence des présidents des commissions médicales des établissements psychiatriques, mais aussi la présidente de la Fnapsy (Fédération nationale des associations d'usagers de la psychiatrie[1]). Le sursaut, surprenant, dans les derniers jours des débats parlementaires, de ces deux dernières personnalités – comme si à l'approche du vote de la loi elles en découvraient tout à coup l'extrême danger – n'a pas pu empêcher cette ignominie.

Avec cette loi finalement promulguée le 5 juillet, il s'agit d'une transformation radicale de la psychiatrie ! Nous pourrions la résumer de façon lapidaire par la formule : « Surveiller, contrôler, injecter ! » De soin, il n'en est question que dans l'intitulé de la loi.

Il s'agit de promouvoir un nouveau renfermement qui avance masqué. Tout est fait dans ce texte pour complexifier la sortie de l'hôpital et alourdir la bureaucratie sous le poids de la multiplication de certificats. Le contrôle par le juge des libertés des hospitalisations sous contrainte peut apparaître au premier abord comme un progrès pour les droits des patients. La situation de la justice comme de la psychiatrie et l'insuffisance de moyens dans ces deux institutions rendent cependant ce progrès très incertain. D'autre part, la substitution de la notion de « soins sans consentement » à celle d'hospitalisation sous contrainte entraîne l'extension de la contrainte, de la surveillance et du contrôle partout et plus seulement dans un lieu précis. Ensuite, l'absence de durée précise pour les « soins » sans consentement pourra entraîner des excès, des dérives toujours possibles de l'extension de cette mesure. De plus, aucun contrôle judiciaire n'a été prévu pour ces soins sous contrainte pratiqués en dehors de l'hôpital.

Par ailleurs, cette loi nie totalement la dimension relationnelle des soins, le patient tissage du lien, le travail à mettre en œuvre pour tenter d'établir une relation de confiance avec un malade, et cela pour les patients les plus complexes, méfiants et suspicieux à l'égard du monde qui les entoure.

Enfin, l'obligation de signaler tout manquement à l'observance du « programme de soins » par le psychiatre et l'équipe soignante induit une sorte de « prise en charge sous la menace » qui va mettre les équipes, travaillant pour l'heure dans le respect des individus, dans une situation impossible !

C'est en cela que cette loi est proprement antithérapeutique.

Le gouvernement, en faisant croire aux familles qu'avec ce texte les équipes soignantes seraient « contraintes » d'intervenir à leur demande, a atteint les sommets du boniment. Hélène Davtian, psychologue clinicienne et thérapeute familiale, qui a travaillé dix ans à l'Unafam, démontre parfaitement, dans un article intitulé « Un lourd transfert sur les familles ! » publié sur Mediapart[2], la situation complexe dans laquelle vont se retrouver les familles : « Concernant les familles en psychiatrie, l'augmentation de la charge sera de plus majorée par le fait qu'on attendra d'elles de gérer l'ordre public. » De façon très pertinente, elle pose la question : « Que reste-t-il à la charge des soignants, qu'est ce qui est à la charge de l'entourage ? » Elle souligne que la nouvelle loi a été conçue à partir d'événements surgis dans l'espace public, alors que le danger sur autrui dans la psychose se pose d'abord dans la sphère intime, familiale. À ceci s'ajoute que rien n'a été pensé par rapport à ce qui est imposé aux jeunes de l'entourage (enfants, fratrie, etc.). Enfin, cette thérapeute conclut de façon justifiée que l'on peut sans peine « anticiper (qu'il y aura) une augmentation du recours au “sans consentement”, car à quoi bon s'en priver alors que c'est si simple et que ça dédouane les soignants, mais bien plus la société et les politiques. »

La dérive de la psychiatrie en 2011

L'état des pratiques et la situation que vivent la psychiatrie et ses institutions depuis près de quinze ans sont dramatiques. Le Contrôleur général des lieux de privation de liberté, Jean-Marie Delarue, a rendu public, le 15 février 2011, un avis sur l'hospitalisation d'office et une recommandation sur l'infirmerie psychiatrique de la préfecture de police de Paris. Au terme de deux années de visites dans plus de vingt établissements psychiatriques français qui accueillent des personnes hospitalisées sous contrainte, le constat est sans appel : « Au regard des droits de l'homme, la situation est inquiétante et elle s'aggrave ! » Il relève que « c'est le grand retour de l'enfermement qui caractérise les lieux de soins ».

En effet, les pratiques de mise en chambre d'isolement ou les contentions, les électrochocs, pratiques qui avaient quasiment disparu depuis les années 1970, sont revenues en force depuis une quinzaine d'années. On ne peut qu'être choqué face à ce phénomène alors que sont vantés les « progrès » apportés par les « nouveaux psychotropes ». Les prescriptions, dans certains services, donnent raison à ceux qui dénoncent les camisoles chimiques d'usage en psychiatrie. Il y a là quelque chose de totalement impensé, un point aveugle, un paradoxe très violent. Comment se fait-il que l'on assiste, malgré des doses de neuroleptiques parfois très importantes, à la multiplication et à la banalisation des mises en chambre d'isolement et aux contentions ? En quoi consiste cette « résistance » aux traitements médicamenteux ? Quelle est cette impuissance, vécue par des soignants, par des psychiatres, qui les pousse à ces pratiques insupportables qui donnent une image honteuse de la psychiatrie ? Les patients qui les ont subies se souviennent longtemps de ces expériences traumatisantes que sont la contention et la mise à l'isolement. Et lorsque des espaces de parole leur sont offerts, il est toujours pénible, douloureux de les entendre, cela provoque de la gêne, voire de la honte chez le soignant. D'autres patients, témoins de ces situations, s'en souviennent et parlent de ces épreuves, auxquelles ils ont assisté dans un service d'hospitalisation, et racontent aussi la menace parfois utilisée de la mise en chambre d'isolement.

Il m'apparaît nécessaire d'avancer ici quelques remarques qui s'appuient sur l'expérience clinique partagée par les soignants : il faut déconstruire cette falsification qu'est la nécessité des traitements médicamenteux comme solution fondamentale au traitement des personnes en grande souffrance psychique. Si les traitements psychotropes apportent bien évidemment un soulagement, un apaisement, une aide, que ce soit pour lutter contre les angoisses parfois terrifiantes, les perturbations de l'humeur ou l'envahissement des idées délirantes ou les hallucinations, la prescription seule aboutit à une impasse.

Il faut dénoncer cette publicité mensongère qui veut faire croire aux immenses progrès des « nouveaux » neuroleptiques[3], rebaptisés – communication oblige – « antipsychotiques ». De progrès, il y en a certes, mais seulement sur certains effets secondaires. Mais sur le fond des symptômes, aucune efficacité supplémentaire n'est constatée dans la pratique clinique quotidienne. Parfois il est même nécessaire d'avoir recours aux « bons vieux » neuroleptiques. La seule efficacité notable porte sur le profit des laboratoires pharmaceutiques : les variations de prix entre les neuroleptiques de première génération et les récents neuroleptiques rebaptisés sont absolument exorbitantes. Lourde de sens aussi, cette dénomination d'« antipsychotiques » : donner à une personne psychotique un antipsychotique ne laisserait-il pas en filigrane une connotation du côté du rejet, du refus, une négation même de la personne différente, si bizarre, si « étrangère » à la raison commune ? Lorsque à la prescription médicamenteuse s'associent des projets de « tri » des individus, des solutions strictement d'assistance et des institutions où le caractère thérapeutique est abandonné, les perspectives deviennent fort inquiétantes.

Pourtant, la mise en œuvre de la politique de sectorisation psychiatrique en 1960 – une même équipe soignante pour assurer la prévention, les soins et leur continuité sur un même territoire de 60 000 à 70 000 habitants –, a permis d'énormes progrès dans l'accueil et la continuité des soins. Certes cette politique s'est développée de façon inégale sur le territoire. Mais la fécondité des alternatives à l'hospitalisation à partir des années 1980, la diversité des thérapeutiques possibles – psychothérapies, apports de la psychanalyse dans le domaine des psychoses, psychothérapie institutionnelle, thérapies familiales et systémiques – mais aussi l'apport des thérapies comportementales et des psychotropes n'ont pas empêché ce qu'il faut bien nommer une scandaleuse dérive des pratiques dans les services psychiatriques.

Plusieurs facteurs se sont conjugués pour y aboutir : la diminution de psychiatres formés, la suppression de l'internat spécifique en psychiatrie (1983), la suppression de la formation des infirmiers de secteur psychiatrique (1992), la diminution des effectifs soignants, l'envahissement de la gestion administrative et bureaucratique dans le fil de l'idéologie de « l'hôpital-entreprise » initiée au début des années 1990 – sous couvert d'une bonne gestion et d'une rationalisation des choix budgétaires portées à leur apogée par la loi Hôpital-Patients-Santé-Territoires en juillet 2009.

La formation des psychiatres, réduite dans le champ des services hospitalo-universitaires, a été orientée vers le tout-médicament ainsi que vers les thérapies comportementales et cognitivistes. Les mirages de l'imagerie médicale, de la génétique et des neurosciences lui ont donné une connotation scientiste et ont repoussé la primauté de l'écoute, de l'accueil et de la rencontre avec le malade mental. L'assimilation folie/maladie somatique a fait le reste : le fou n'est plus accueilli comme le semblable mais comme « un malade » à qui l'on doit imposer un soin. La contrainte n'est pas loin et ce que nous avons décrit plus haut de la dérive idéologique à partir de la délinquance sexuelle a trouvé là une pente irrésistible. À ceci, il faut ajouter les attaques contre la psychanalyse, portées notamment par les tenants du comportementalisme et du cognitivisme, que ce soit pour la formation des psychiatres ou dans les universités formant des psychologues cliniciens.

La formation psychiatrique des infirmiers est, quant à elle, réduite à la portion congrue. Les infirmiers de secteur psychiatrique bénéficiaient jusque-là d'une formation de trois ans. Les infirmiers diplômés d'État suivent désormais des stages pratiques d'à peine quelques semaines dans le cadre de leurs études. On peut sans difficulté imaginer le désarroi des jeunes infirmiers dans les services hospitaliers où, dans des situations de pénurie d'effectifs, ils se retrouvent confrontés à des patients en crise ou vivant des pathologies aigües.

À ces constats viennent s'ajouter une bureaucratie administrative, le règne des procédures et le principe de précaution qui donnent une orientation folle et entravent les initiatives thérapeutiques.

L'organisation hospitalière n'est pas en reste : la hiérarchie tant médicale qu'infirmière est d'un poids tel que la mission de soin est totalement déconnectée des réalités du terrain, en dépit des formules creuses comme, par exemple, « le malade au centre du dispositif des soins ». Le mépris et la suspicion de nombreux administratifs à l'égard des soignants viennent parachever ce sombre tableau. Seules la ruse, la résistance, la ténacité permettent à certaines équipes, à certains lieux, à certains services de tenir pour assurer des soins dignes et humains et continuer à inventer des alternatives et des thérapeutiques au long cours.

Enfin, la précarité, les conditions d'existence, l'insécurité sociale[4], la violence de la compétition individuelle et la « promotion » du sujet postmoderne et néolibéral, se sont déployés de façon massive au cours des vingt dernières années. Ce qui se passe dans nos services d'hospitalisation n'est que le reflet de ce qui se passe plus globalement dans notre société. Dès lors, une forme de répression s'est installée et donne aux soins une dimension que l'on croyait à jamais disparue. Hélas, l'asile et les pratiques asilaires sont bien de retour ! Hélas, la place faite aux enfants « différents », leur normalisation et le tri dont ils sont victimes sous couvert de détection précoce des troubles, l'approche technique et réadaptative en vigueur, plongent la psychiatrie infanto-juvénile dans une situation très précaire et vulnérable.

Les participants du Collectif des 39 ont fait de ces éléments l'axe principal de leur action. Ce mouvement, s'il est né dans la réaction à l'insupportable violence du discours de Nicolas Sarkozy, s'est constitué autour de professionnels qui résistent quotidiennement depuis plusieurs années aux injonctions normatives d'une psychiatrie technique et bureaucratique.

S'opposant par un bricolage inventif aux procédures, aux protocoles, aux certifications et aux normes de l'évaluation abêtissante, s'appuyant sur leurs pratiques de soins dignes et respectueuses de l'humain, ces «professionnels du soin psychique» se sont réunis pour faire front. Psychiatres, psychologues cliniciens, psychanalystes, infirmiers, cadres de santé, travailleurs sociaux, éducateurs, loin du formalisme et d'une certaine forme de carcan dogmatique des organisations professionnelles, nous avons su inventer une nouvelle forme de mouvement en psychiatrie. Lors de notre action contre la loi sur les soins sans consentement, le collectif a été rejoint par des patients, des parents en délicatesse, voire en opposition avec l'orientation de la direction de l'Union nationale des familles et amis de malades, soutien majeur au projet de loi. La participation des patients et des parents au mouvement et au débat a donné plus de force à la réflexion critique, à la mise en question des pratiques. Nous retrouvons, dans ce mouvement, cette dynamique, cette ambiance, cette «vivance» qui existe dans les lieux où l'analyse institutionnelle, la psychothérapie institutionnelle se pratiquent. Cela renforce la conviction fondamentale que c'est grâce à un lien soignés-soignants que des transformations seront possibles. L'irruption de la parole des patients, des usagers de la psychiatrie, parviendra-t-elle à provoquer un changement des pratiques et du regard, de la perception du malade mental, du fou dans la société, de la même façon que les malades du Sida ont pu modifier les usages et les pratiques médicales?

Le collectif a forcé les organisations syndicales à réagir. L'inventivité, la créativité dans les différentes actions entreprises, mais aussi les espaces de pensée critique, de «disputes», d'élaboration, de mise en question des pratiques ont ainsi permis de créer des ponts entre folie et culture, avec la création du Collectif des «Évadés du Bocal[5]», ou encore avec la participation au festival Jazz In Marciac, ou encore avec la création de l'Université critique de psychiatrie[6]. Le Collectif s'appuie sur le patient travail de recherche et de débats d'associations comme La Criée à Reims, Utopsy, Pratiques de la Folie à Paris, Isadora à Montpellier, le Point de Capiton dans le Vaucluse, les Cemea (Centre d'entraînement aux méthodes d'éducation actives), et sur l'expérience issue des États généraux de la psychiatrie tenus en juin 2003 à Montpellier. Lors des derniers rassemblements organisés par le Collectif, nous avons été témoins du désir de prise de parole de patients et de parents qui ont trouvé là un espace possible pour se faire entendre. Le pari pour les années à venir réside dans le possible d'une rencontre dans l'action entre professionnels et citoyens concernés par la psychiatrie pour donner place à cette question: «Quelle hospitalité pour la folie?»

La santé mentale, la belle affaire!

La notion de santé mentale a été dévoyée. Développée par les psychiatres progressistes dans l'immédiat après-guerre, la santé mentale, en référence à la santé publique, a servi d'orientation pour aborder les soins et la prévention des troubles mentaux en les replaçant dans le contexte social. À partir de 2001, l'Organisation mondiale de la santé va retenir pour définition de la santé mentale «un état de bien-être dans lequel la personne peut se réaliser, surmonter les tensions normales de la vie, accomplir un travail productif et fructueux et contribuer à la vie de sa communauté.» À partir d'un tel postulat se dessine une certaine normativité. En France, une succession de rapports officiels vont dans le même sens. En 2005, l'Union européenne inscrit la santé mentale dans une stratégie visant «le retour de l'Europe sur la voie de la prospérité durable». Comme le note Mathieu Bellahsen dans sa thèse de médecine: «Le constat est simple: la mauvaise santé mentale coûte cher, entrave le produit intérieur brut et grève les ressources de l'Union européenne dans sa stratégie de croissance au sein d'une compétition mondialisée. La santé mentale positive permettra notamment à la personne de s'adapter à une situation à laquelle elle ne peut rien changer.» Dernier exemple en date de cette orientation, le rapport remis en 2009 à Nathalie Kosciusco-Morizet, secrétaire d'État: «La santé mentale, l'affaire de tous». Il s'agit de développer des réseaux de santé mentale et de penser des moyens par lesquels chacun pourrait être responsable de sa santé mentale, de son bien-être psychique, de son capital-santé. Au prétexte que tous les acteurs doivent parler la «même langue», ces réseaux organisent de nouvelles pratiques qui homogénéisent et normalisent tous les aspects de la profession.

On assiste à une modélisation de la capacité des individus à se conformer à une nouvelle norme, la santé mentale positive. Cette orientation conduit rien moins qu'à la perspective de la disparition de la psychiatrie. Plus de soins au long cours, le traitement de l'urgence et la remise au travail dans les meilleurs délais font loi. Parmi les adeptes de la notion de santé mentale, on compte des politiques de droite comme de gauche, et des «apolitiques préoccupés uniquement par la recherche» à la Fondation FondaMental – dont la présidente est Marie-Anne Montchamp, député UMP du Val-de-Marne et récemment secrétaire d'État auprès de la ministre des Solidarités et de la cohésion sociale.

Sans la reconnaissance de la valeur humaine de la folie, c'est l'homme qui disparaît !
François Tosquelles

Quelles propositions peut-on mettre en avant pour inverser ce cours dramatique ?

– Plutôt qu'une loi sur les soins sans consentement il faut exiger une loi d'orientation pour une politique globale des soins en psychiatrie qui réponde, entre autres, à la nécessité d'une recherche prioritaire du consentement par les soignants. Ceci suppose une amélioration de leur formation, un apprentissage du travail d'alliance avec l'entourage des patients. C'est à partir de là qu'il faudra se préoccuper des situations les plus complexes de refus de soins.
– Une loi d'exception concernant la psychiatrie est à proscrire. C'est une loi non spécifique qui est souhaitable : une loi portant sur toutes les situations pathologiques où une personne est dans l'impossibilité de donner son accord pour des soins – lorsque le pronostic vital est engagé ou quand la situation représente un danger – est la seule issue qui respecte les libertés individuelles et qui supprime la stigmatisation des malades mentaux en les faisant rentrer dans le droit commun.
– Il faut assurer des droits renforcés pour les malades hospitalisés, la liberté de circulation, la liberté d'association, une information authentique sur les traitements médicamenteux, un droit au refus de traitement en dehors des situations de crises où le pronostic vital est en cause ou quand le risque pour autrui est patent.
– Les personnes confrontées à des pathologies à long terme doivent bénéficier d'un droit au logement, de conditions financières d'existence

suffisantes, de dispositions de protection juridique pour permettre une réinsertion.
– Les services et associations de gestion des tutelles et curatelles doivent être effectivement contrôlés : leurs services, et notamment le respect à l'égard des personnes, devraient être régulièrement appréciés par un organisme indépendant.
– Les personnes reconnues handicapées fréquentant ou vivant dans des institutions spécifiques doivent bénéficier d'un droit d'association et, au-delà, d'un renforcement des droits élémentaires.
– Les lois sur les délinquants sexuels doivent être révisées et celle sur la rétention de sûreté doit être abolie.
– Enfin, une transformation en profondeur de l'organisation des soins doit se constituer autour de la primauté du thérapeutique sur la gestion et au travers d'une remise en cause des démarches d'accréditation et de certification. Elle doit aussi porter sur la mobilité de la hiérarchie médicale et infirmière afin que les responsabilités hiérarchiques puissent se modifier et se partager, et que l'implication dans les pratiques soignantes, le contact et la connaissance du terrain retrouvent leur place au cœur du métier.
– D'autre part, la gestion et l'organisation des soins en psychiatrie, actuellement confiées aux administrations hospitalières, devraient être réexaminées dans la perspective d'une déconstruction de l'hospitalo-centrisme.

Il faut cesser de s'en remettre aux « experts », de penser que des soins technicisés et normalisés amélioreront l'accueil et la place de la folie ou des difficultés psychiques dans la cité. Répondre par des procédures, des « bonnes pratiques », des références non-opposables, applicables à tous, à la diversité des situations et des êtres, à la singularité des individus, est une folie pire que la folie elle-même !

1. Ces trois personnalités ont tissé une alliance depuis plusieurs années, permettant notamment à la présidente de la FNAPSY d'obtenir la reconnaissance d'une place officielle, parvenant ainsi à faire avancer la cause des patients, notamment avec la charte des droits de l'usager en santé mentale, avec la loi sur le handicap psychique (notion cependant fort problématique), etc. Mais cette alliance s'est faite aussi au prix d'une complexité politique et de se retrouver piégée dans l'élaboration de cette loi. Le deal pour l'accepter fut la promesse d'une loi globale sur la santé mentale. C'est finalement un « plan » bâclé qui devait être proposé fin 2011.

2. *Mediapart*, le 27 juin 2011.

3. Lire à ce sujet l'article éclairant de François Gonon, neurobiologiste au CNRS, à l'université de Bordeaux 2 : « Psychiatrie biologique : la bulle spéculative », revue *Esprit,* novembre 2011.

4. Un décret du 16 août 2011 aggrave la situation des personnes reconnues handicapées : réduction de la durée d'attribution de l'allocation aux adultes handicapés et restriction de l'accès à l'emploi pour ceux ayant un taux d'incapacité entre 50 et 79 %.

5. http://lesevadesdubocal.canalblog.com/

6. Le projet, l'ambition de l'UCP créée en octobre 2009, est d'instaurer un espace de débat, de formation, de transmission à propos des pratiques, de leurs diversités, de l'histoire de la psychiatrie de secteur notamment, et de pallier aux carences, au vide de la formation « officielle » des psychiatres, infirmiers, psychologues, éducateurs, travailleurs sociaux, caractérisée par une homogénéité et par l'absence de réflexion critique.

La liberté de circuler, sinon rien

Karine Parrot

Mohammed vit à Toulouse, il a une femme et une petite fille de six ans, françaises. Le 21 juillet 2011, il est arrêté par la police dans la rue. Mohammed vient juste de purger une peine de prison de 17 mois pour une affaire de droit commun. Seulement Mohammed est marocain et le préfet de Haute-Garonne a décidé que la prison ne suffisait pas, que l'étranger sans papiers constituait une «menace à l'ordre public» et qu'il devait être expulsé et interdit du territoire français pendant trois ans. Libre à lui de «mener une vie familiale normale» au Maroc.

Voilà environ quinze ans que l'État français s'est lancé dans une lutte contre l'immigration irrégulière et finalement contre les immigrés. Au fil des ans, cette lutte s'est faite sans cesse plus violente pour prendre finalement la forme d'une guerre. On voudrait montrer ici à quel point «le droit des étrangers» est source d'arbitraire et de traitements inhumains et comment au fond «la gestion des flux migratoires» dit la ruine de notre organisation politique et sociale.

Contrairement à ce que certains voudraient nous faire croire, aucun contrôle «à visage humain» de l'immigration n'est possible. Fermer les frontières, c'est nécessairement enfermer des personnes, des familles dont le seul crime est de n'avoir pas de papiers. Contrôler l'immigration, c'est immanquablement refouler des vieillards, surveiller les mariages, expulser des femmes, des hommes, des enfants vers des pays qui leur sont étrangers. En réalité, seul le principe de libre circulation des personnes est à même de garantir le respect des droits fondamentaux de celles et ceux qui choisissent ou sont contraints d'émigrer. L'égalité des droits entre les hommes et les femmes, quel que soit leur lieu de naissance, passe également par le droit de circuler et de s'installer librement en tout point de la planète. La liberté de circulation – et d'installation –, c'est évidemment en finir avec les maltraitances, la misère et la mort infligées aux sans-papiers. Mais c'est, *priore tempore,* penser une égalité et une liberté réelles des personnes comme des désirs, autrement dit, la fin de la société capitaliste.

L'arbitraire fait loi

Bien sûr, tel qu'il est produit par les États, le droit est un instrument de pouvoir – d'oppression – au service des gouvernants. Aujourd'hui en France, on peut dire que la loi est à peu près tout sauf l'expression de la volonté générale. Cela étant, et c'est peut-être ce qui distingue les régimes « démocratiques » de leurs cousins autoritaires, les règles s'attachent tout de même à garantir certains droits aux individus, et en particulier celui d'agir contre les abus commis par le pouvoir. Or, le système juridique dénie en grande part aux étrangers la possibilité de faire valoir leurs droits et de se défendre contre les agissements illégaux de l'administration. Concrètement, au lieu d'être un rempart contre l'arbitraire d'État, le droit des étrangers est savamment agencé pour produire de l'arbitraire.

Un droit inaccessible

Avant tout, le corpus des règles qui constituent le droit des étrangers est d'une complexité qui confine à l'absurde et réserve aux seuls avocats spécialisés le privilège de la « connaissance du droit ». Ici plus que partout ailleurs, la fiction, pourtant fondamentale, selon laquelle le droit est public, accessible à ses destinataires, tourne à la mauvaise farce. Nul besoin d'évoquer les difficultés tenant à l'articulation des sources existantes – conventions internationales, règlements et directives communautaires, lois, décrets, arrêtés, circulaires –, le rythme des réformes législatives suffit à donner le vertige. Pour se limiter à la période récente, il faut citer dans l'ordre la « loi Sarkozy » de 2003 relative à la maîtrise de l'immigration, au séjour des étrangers en France et à la nationalité ; la « loi Sarkozy » de 2006 relative à l'immigration et à l'intégration ; la « loi Hortefeux » de 2007 relative à la maîtrise de l'immigration, à l'intégration et à l'asile et, dernièrement, la « loi Besson » du 16 juin 2011 relative à l'immigration, à l'intégration et à la nationalité. Au total, en l'espace de sept années, la condition des étrangers a connu quatre grosses réformes législatives, chacune accompagnée de son lot de décrets et circulaires d'application. Il n'est guère que le droit pénal et le droit de la procédure pénale (hasard curieux) qui puissent revendiquer une telle logorrhée législative. Naturellement, chaque texte, et derrière lui chaque clone ministériel, s'est employé à durcir encore les conditions d'octroi des titres de séjour ou à en raccourcir la durée, à rogner sur le droit d'asile ou à renforcer l'exigence d'intégration à la société française comme préalable à « l'accueil » des étrangers. Cette frénésie législative, qui relève d'une logique sécuritaire et raciste aujourd'hui clairement affichée[1], outre qu'elle fragilise toujours un peu plus le statut de l'étranger, engendre inévitablement des monstres juridiques.

Des monstres juridiques

Parmi la légion des exemples, celui des étrangers «ni-ni» – ni expulsables, ni régularisables – est emblématique. Pendant longtemps, l'étranger qui pouvait justifier de dix années de résidence en France avait le droit d'obtenir un titre de séjour. Autrement dit, après dix ans de séjour irrégulier, dix ans d'emplois précaires mal payés, dix ans à baisser les yeux par peur des contrôles au faciès, l'étranger pouvait enfin quitter la clandestinité. Au motif qu'elle constituait une faveur octroyée à des délinquants, la règle laxiste a été supprimée. Parallèlement, sous la pression de la Cour européenne des droits de l'homme, beaucoup de ces étrangers se sont vus protéger contre l'éloignement au motif que l'intégralité de leur vie familiale et sociale se trouvait en France[2]. C'est ainsi que plusieurs milliers d'étrangers se trouvent actuellement sans papiers et sans espoir d'être régularisés, alors qu'en vertu du droit international la France ne peut les expulser. L'État français secrète ainsi minutieusement des non-sujets de droit dont il s'assure par ailleurs la parfaite docilité (certains écarts de conduite permettront de justifier l'expulsion au nom de l'ordre public).

Bien au-delà de ce cas précis, la précarité ou encore l'absence de véritables «droit à» est le lot de la plupart des étrangers qui vivent en France. L'obtention des titres qui conditionnent le droit au séjour ou l'exercice d'une activité repose en règle générale sur des critères garantissant à l'administration une très grande liberté d'interprétation[3], quand elle ne dispose pas officiellement d'un pouvoir discrétionnaire. Non seulement l'étranger est en proie à l'appréciation du ministre, du préfet, du consul et du guichetier, mais les pratiques varient d'une préfecture à l'autre, d'un bureau à l'autre, d'une semaine à l'autre[4]... Dans les faits, les inégalités de traitement sont la règle.

Un droit impraticable, incognito

La répartition des compétences entre le juge judiciaire et le juge administratif contribue également à priver l'étranger de ses droits. Tandis qu'en pratique, les autres branches du droit se rattachent principalement soit à l'ordre judiciaire, soit à l'ordre administratif, l'étranger sans papiers, lui, doit jongler entre les deux. Ainsi, l'entrée et le séjour irréguliers en France sont passibles de sanctions administratives et pénales, lesquelles sont naturellement cumulables mais prononcée chacune par leur juge respectif, ce qui complique naturellement les éventuels recours. Surtout, l'étranger contre lequel un acte de «police administrative» est prononcé – placement en centre de rétention, en zone d'attente, arrêté d'expulsion... – doit saisir le juge administratif pour contester la validité de cet acte mais, s'il veut faire valoir la violation d'une liberté individuelle durant cette procédure, seul le juge judiciaire est compétent. C'est ainsi que l'étranger non francophone placé en rétention et informé de ses droits sans la présence d'un interprète devra faire valoir la violation de ses droits de la défense devant le juge judiciaire mais devra saisir le juge administratif pour faire annuler la décision qui l'oblige à quitter la France. Si, faute de conseil adéquat, l'étranger omet de saisir le juge administratif dans les 48 heures, il est toute une série de griefs qu'il ne pourra faire valoir devant le juge judiciaire.

Pour couronner le tout, la répartition des compétences entre les deux ordres de juridiction n'est pas toujours claire. Par exemple, les litiges relatifs aux conditions matérielles de la rétention ressortissent en principe à la compétence du juge administratif, sauf « voies de fait », c'est-à-dire violation grave d'une liberté publique. Mais où commence précisément la voie de fait ? Faut-il attendre que les conditions de vie dans le centre de rétention se dégradent au point de provoquer suicide, viol ou meurtre parmi les « retenus », comme au centre du Palais de justice de Paris avant sa fermeture en 1995 ?

Ce dédoublement des procédures et leur cloisonnement absurde ne semblaient pas suffire à priver l'étranger de l'accès effectif à ses droits. Depuis quelques années, les audiences du juge judiciaire – juge des libertés et de la détention – peuvent se tenir « à proximité » des centres de rétention. Au centre de Coquerelle, par exemple, les étrangers retenus ne vont plus jusqu'au tribunal de Boulogne-sur-Mer : le juge gardien des libertés individuelles statue à quelques mètres du centre de rétention, dans une minuscule annexe du tribunal séparée des locaux de la police par une simple grille. Selon un avocat qui travaille sur place, les étrangers à peine extirpés du centre ne réalisent pas toujours qu'ils sont devant un juge. Qui s'en plaindra ? Les interprètes et les policiers se font la bise dans la salle d'audience[5], police et justice s'embrassent sur fond de zone industrielle, au milieu des ronds-points et des centres commerciaux.

Le droit comptable

Finalement, la « politique du chiffre », relativement récente, parachève la dénaturation du droit lorsqu'il concerne les étrangers. L'application des textes par la police et l'administration, leur interprétation par les juges ne sont plus seulement fonction des cas individuels, des situations humaines, elles dépendent largement des objectifs chiffrés de lutte contre l'immigration. Yannick Blanc, ancien directeur de la police générale à la préfecture de police de Paris explique comment en matière de police administrative des étrangers « le tableau Excel l'emporte de loin sur le code[6] ! ». « Lorsque l'on devient directeur de la police générale, les dossiers que vous préparent vos collaborateurs [...] ne parlent pas du droit des étrangers mais de chiffres. Le directeur de la police générale est d'abord un gestionnaire de grands nombres [...]. La sous-direction de l'administration des étrangers compte 450 agents [...] délivre 125 000 titres de séjour par an. La gestion du délai, du nombre, du chiffre est une obsession administrative permanente [...]. On élabore des tableaux de bord, on rend compte du nombre d'étrangers que l'on reçoit, du nombre de titres que l'on délivre, catégorie par catégorie, de l'évolution de ces nombres d'une année sur l'autre et, bien entendu, un chiffre a la préséance sur tous les autres dans les rapports hiérarchiques avec le ministère, c'est le nombre de reconduites à la frontière[7] ».

La fixation par l'État d'un quota annuel d'étrangers à expulser – et les injonctions corrélatives adressées aux préfets – est sans doute un des emblèmes les plus sinistre de la chasse réglementée aux étrangers[8]. Depuis un discours de Nicolas Sarkozy tenu à Vichy en 2003, l'objectif chiffré croit chaque année : 20 000, 25 000, 28 000 personnes. En septembre 2007, le ministre de l'Immigration, de l'Intégration et de l'Identité nationale, Brice Hortefeux[9], ira jusqu'à convoquer et réprimander une vingtaine de préfets pour n'avoir pas atteint leurs quotas d'hommes et de femmes reconduits à la frontière. N'est-ce pas là une preuve tangible du caractère raciste et autoritaire de la machine étatique ?

Depuis une dizaine d'années, la subordination du « droit » des étrangers à une logique comptable, elle-même asservie à une politique raciste, est assumée et le phénomène gangrène la plupart des services de l'administration en charge de la « gestion » des étrangers[10]. Pour citer un autre exemple, dans les consulats – qui délivrent aux étrangers les visas nécessaires à l'entrée en France – « un programme d'externalisation des tâches annexes » vers des sociétés privées est en œuvre. L'objectif déclaré est de permettre aux services consulaires de « mieux évaluer le risque migratoire qui s'attache à certains dossiers », « sans être mobilisés par des tâches de moindre valeur ajoutée », comme par exemple le « recueil des données biométriques[11] ». Ainsi, derrière le Marocain qui voudrait assister aux obsèques d'un parent, derrière l'Africain qui voudrait étudier en France, c'est un « risque migratoire » que l'on évalue. Les objectifs du service public, les conditions d'accueil des hommes et des femmes dans les consulats sont méthodiquement décomposés en tâches à plus ou moins forte « valeur ajoutée[12] ».

Finalement le droit des étrangers apparaît dépourvu des attributs formels que l'on prête classiquement aux règles de droit et qui fondent en partie leur force obligatoire. Au lieu d'un droit pérenne et accessible, s'appliquant à tous de manière égalitaire, la condition des étrangers tient à une réglementation volontairement instable et hermétique, appliquée ou inappliquée de manière arbitraire et/ou inégalitaire, souvent sous la contrainte de chiffres absurdes.

L'illégalité décomplexée

Ce trait caractéristique doit être rapproché d'un autre phénomène marquant, celui de la violation décomplexée du droit des étrangers par l'administration. À côté des violations quotidiennes – ordinaires – et silencieuses du droit des étrangers opérées par la police et l'administration (confiscation d'un titre de séjour, refus de délivrer un récépissé, contrôle au faciès, consignes verbales illicites...), les violations manifestes et assumées du droit par les plus hautes instances de l'État se banalisent.

En septembre 2009, le ministre Besson donne l'ordre d'évacuer et de détruire les campements situés aux abords de Calais et peuplés de centaines de migrants – Afghans pour la plupart – dépourvus de titres de séjour. L'opération spectaculaire donne lieu à 276 interpellations, dont une centaine de mineurs. Quelques jours plus tard, loin des caméras, les trois quarts des personnes placées en rétention sont libérées par les juges des libertés et de la détention pour violation des libertés individuelles. Parallèlement, plusieurs juges administratifs annulent des arrêtés de reconduite à la frontière pour violation du droit de demander l'asile. Quelques mois plus tard, plus d'une centaine de Kurdes de Syrie – dont 38 enfants – sont découverts sur une plage de Corse où ils viennent de débarquer d'un canot pneumatique. Au lieu de réconforter ces malheureux, de les soigner et de leur expliquer leur droit de demander l'asile, conformément à la Convention internationale de Genève sur les réfugiés, l'État français préfère les enfermer. D'abord dans une vraie zone de non-droit – un gymnase de la ville réquisitionné pour l'occasion – ensuite dans des centres de rétention éparpillés en France. Non seulement ces hommes, ces femmes et ces enfants en état de choc ont été abusivement détenus sous le régime de la rétention administrative – puisque les demandeurs d'asile ont droit au séjour provisoire le temps qu'il soit répondu à leur demande – mais, au cours des procédures d'enfermement, leurs droits les plus élémentaires ont été bafoués (notification des décisions dans une langue comprise, droit de rencontrer un avocat ou une association, d'exercer des recours[13]). Pour le ministre de l'Immigration, le «pointillisme procédural» doit céder face à l'urgence. Les magistrats, de leur côté, ont annulé chacune des ordonnances de placement en rétention[14]. Dernièrement, face à «l'invasion tunisienne», le nouveau ministre de l'Intérieur, Claude Guéant, a posté, à grand renfort médiatique, des hordes de policiers sur les quais de la gare Saint-Charles à Marseille, chargés de contrôler systématiquement les étrangers en provenance d'Italie. Ceux des Tunisiens qui ont pu exercer un recours ont tous été relâchés par les juges, puisque le code de l'entrée et du séjour en France interdit clairement les contrôles systématiques aux frontières à l'intérieur de l'espace Schengen.

En violant ainsi périodiquement la loi de manière délibérée et publique, l'administration et la police se l'approprient, ils la façonnent, ils la font. Lorsqu'ils revendiquent une opération pourtant illégale, les ministres la légitiment. De fait, ils la légalisent presque.

Le juge marginalisé

Presque, parce qu'enfin, il reste encore le juge en charge de garantir le respect du droit tel qu'il ressort des textes et non des pratiques administratives. À ce titre, l'évolution de la place qui lui est reconnue est absolument révélatrice. Limitons-nous ici au juge judiciaire, précisément au juge des libertés et de la détention (JLD). Puisque le droit de mettre fin au séjour d'un étranger sur le territoire étatique est une prérogative «régalienne», c'est exceptionnellement l'administration (en pratique, le préfet) et non le juge qui a compétence pour enfermer l'étranger en partance[15]. Pour faire contrepoids, le juge judiciaire

– gardien des libertés individuelles en vertu de la Constitution – intervient *a posteriori* pour statuer sur le maintien en rétention de l'étranger. Cette intervention est fondamentale puisque le juge peut faire libérer l'étranger pour toute violation directe ou indirecte de ses libertés individuelles au cours du processus d'enfermement. Ainsi, tant l'arrestation ou la détention arbitraire que les irrégularités de l'interpellation ou de la garde à vue – comme l'impossibilité d'exercer un droit attaché à la privation de liberté – peuvent fonder la libération de l'étranger. Actuellement, les JLD annulent entre un quart et un tiers des procédures de mise en rétention[16]. Au lieu de s'inquiéter des atteintes aux libertés ainsi décelées par les juges[17], le gouvernement voit dans ces décisions judiciaires des «obstacles à la mise en œuvre de l'éloignement des étrangers» ou encore «des difficultés d'exécution [des mesures d'éloignement] exogènes à l'action des préfectures et des services de police et unités de gendarmerie[18]».

Aujourd'hui, face au «problème de l'immigration», le juge est ouvertement perçu par l'exécutif comme un trublion, un empêcheur d'expulser en paix. Non contente de prendre des libertés avec la loi, l'administration cherche dans toute la mesure du possible à se soustraire au contrôle du juge. Dans l'immense majorité des cas, s'il a la possibilité d'expulser un étranger alors même que l'arrêté d'expulsion fait l'objet d'un recours – non suspensif – devant le juge administratif, le préfet n'attend pas le jugement, il expulse. Selon quelle conception de l'État de droit et de la justice peut-on admettre que l'administration se soustraie ainsi délibérément au contrôle judiciaire ? La loi Besson de juin 2011, en retardant une nouvelle fois l'intervention du JLD dans la procédure de rétention, accuse cette dérive liberticide caractérisée. Initialement, le juge des libertés intervenait dans les 24 heures suivant la mise en rétention de l'étranger, puis le délai a été discrètement porté à 48 heures. Dorénavant, avec la loi du 16 juin 2011, l'étranger passera 5 longues journées en rétention avant de voir le garant de ses libertés individuelles, et rien n'interdit qu'il soit éloigné entre-temps. La Cimade[19] estime ainsi que la réforme devrait priver chaque année 4000 étrangers de l'accès au juge des libertés, c'est-à-dire du contrôle judiciaire de la procédure aboutissant à leur expulsion[20]...

Dans ces conditions, comment évoquer encore le « droit des étrangers » ? Comment qualifier ces sables mouvants formés d'énoncés lâches propices à l'arbitraire du pouvoir, régulièrement contournés par une administration décomplexée et hostile à « l'esprit pointilleux » des magistrats ? Cet « infra-droit[21] » déjà dénoncé par Danièle Lochak en 1985 prive les étrangers de tout véritable *droit à* quelque chose (au séjour, au travail, à vivre en famille, à la protection sociale...) comme du droit de se défendre contre les agissements illégaux du pouvoir. Cette réalité – comme celle du milieu carcéral – est connue. Avec d'autres symptômes graves, la précarité institutionnelle et les injustices quotidiennes infligées aux personnes étrangères incarnent et proclament la structure inégalitaire et autoritaire des régimes « démocratiques ». L'infra-droit des étrangers n'est ni un accident, ni un détail, il est le droit sécrété par les « démocraties modernes », un instrument de discrimination raciale et de domination sociale.

Un droit inhumain

Les étrangers ne sont pas seulement contraints de subir l'arbitraire d'État, certains sont l'objet de traitements inhumains. C'est bien alors notre condition d'êtres humains qui est en jeu dans le refus et la fin de ces pratiques.

L'étranger séparé des siens

D'abord, la politique de fermeture des frontières («immigration zéro» ou «immigration choisie») tend à priver les étrangers de certains fondements de l'existence humaine, telle la possibilité de vivre avec ceux qu'on aime. En droit français, l'institution du regroupement familial est censée permettre à une personne étrangère, qui vit en France avec des papiers, de faire venir son conjoint et ses enfants mineurs auprès d'elle. Au fil du temps, les conditions requises se sont durcies pour devenir parfaitement drastiques. L'étranger demandeur doit vivre en France depuis 18 mois et disposer notamment de «ressources stables et suffisantes»: il doit pouvoir justifier d'un SMIC augmenté d'un cinquième, exclusion faite des éventuelles prestations sociales[22] – ce qui n'a pas de sens et pénalise nombre d'étrangers; la présentation d'un contrat à durée déterminée (CDD) entraîne souvent le rejet de sa demande; la taille et la salubrité du logement sont évaluées par les agents municipaux lors d'une visite domiciliaire. De leur côté, les membres de la famille, dont on évalue le niveau de connaissance du français et «*des valeurs de la République*», doivent résider hors de France – pas de régularisation *a posteriori* – et obtenir un visa... Résultat, entre 2005 et 2009, le nombre des bénéficiaires du regroupement familial a diminué quasiment de moitié[23]. En pratique, les étrangers les plus pauvres, celles et ceux qui cumulent les tiers-temps, déclarés ou non, celles et ceux qui vivent dans des foyers ou des hôtels, ceux-là n'ont aucun espoir de faire venir leur famille en France.

Le réfugié refoulé, l'étranger persécuté

Au sortir de la Seconde Guerre mondiale, les États « développés » signaient la Convention de Genève relative au statut des réfugiés et s'engageaient à accueillir les individus persécutés ou craignant de l'être dans leur pays d'origine. Aujourd'hui, les demandeurs d'asile sont en pratique largement empêchés de gagner l'Europe par des dispositifs policiers et technologiques toujours plus féroces (radars infrarouges, patrouilles maritimes, gardes-côtes surentraînés...). Si, par extraordinaire, ils atteignent la France, leur demande a toutes les chances d'être rejetée. Actuellement, 90 % des demandes d'asile sont rejetées par l'OFPRA (Office français de protection des réfugiés et apatrides), contre 10 % il y a trente ans[24]. Le demandeur d'asile est perçu avant tout comme un fraudeur en puissance. La réalité, c'est que le droit d'asile ne résiste pas à la fermeture des frontières, c'est que des hommes, des femmes, des enfants en situation de détresse absolue sont abandonnés à leur sort par les gouvernements occidentaux.

Comme si cela ne suffisait pas, l'État français s'emploie à persécuter les exilés sur son propre territoire. Aux alentours de Calais, depuis la fermeture du camp de Sangatte – qui a vu passer entre 1999 et 2002 près de 60 000 étrangers – les descentes régulières dans les squats de migrants, la destruction systématique de leurs abris de fortune par les forces de l'ordre s'accompagnent de violences et de harcèlements policiers, consignés dans un récent rapport des militants « No border[25] ». À côté des violences physiques – tabassage jusqu'à l'inconscience d'un migrant par la police[26], gazage d'une femme enceinte par un CRS[27], etc. – les arrestations et les contrôles (illégaux) répétés partout en ville, les rafles aux abords des points de ravitaillement humanitaire, la destruction des réserves d'eau et de nourriture des migrants sont les manifestations quotidiennes de la guerre qui leur est livrée par l'État français. La nuit venue, ces personnes – dont beaucoup sont en situation régulière pour avoir déposé une demande d'asile – se cachent, seules ou par petits groupes. Les enfants se faufilent entre les jambes de leurs parents afghans, palestiniens, érythréens, éthiopiens, pachtouns, réfugiés du Darfour... Au final, dans la zone de Calais, les contrôles, les arrestations, l'enfermement ne débouchent que très rarement sur des reconduites à la frontière, souvent impossibles pour des raisons légales[28]. Pour les organisateurs de cette traque, il s'agit principalement d'instaurer un climat de violence et de peur censé dissuader de nouveaux arrivants et obliger les autres à prendre de nouveau la fuite.

L'ère industrielle de l'enfermement

À côté de ce type d'exactions en marge du droit, l'enfermement institutionnel des étrangers constitue une pièce maîtresse du dispositif actuel de contrôle et d'oppression des étrangers sans papiers. Originairement, l'emprisonnement des étrangers par le préfet pour préparer leur expulsion était une pratique illégale et clandestine. En 1975, la prison secrète d'Arenc à Marseille, où étaient enfermés sans aucun droit des travailleurs immigrés sans papiers fit scandale. Progressivement, la « rétention administrative » s'est trouvée encadrée par la loi, institutionnalisée. Pour autant, jusqu'à la fin des années 1990, elle demeura une pratique somme toute relativement marginale, artisanale, explique la Cimade[29], habilitée de longue date à porter assistance juridique aux étrangers « retenus ». « Les lieux d'enfermement choisis (anciens hôtels, commissariats, bâtiments désaffectés) n'avaient pas été conçus pour cela, la durée de rétention, quoique augmentant régulièrement au gré des soubresauts politiciens, restait faible (5 puis 7 puis 10 puis 12 jours). Enfin, [la rétention] ne concernait "que" quelques milliers d'étrangers chaque année[30]. »

Aujourd'hui, en France, près de 50000 étrangers sont enfermés chaque année dans les 25 centres de rétention existants[31]. L'ère industrielle de l'enfermement des étrangers est née. Les centres, souvent construits dans des zones impraticables, voient sans cesse leur nombre et leur taille augmenter pour prendre l'allure de véritables prisons[32]. Le centre du Mesnil-Amelot, construit au milieu des champs à proximité de l'aéroport de Roissy-Charles de Gaulle, donne l'image d'une verrue qui enfle à vue d'œil. En 2011, deux nouveaux bâtiments d'une capacité de 120 places chacun sont ouverts à proximité de l'ancien centre de 140 places, la capacité maximale autorisée. Ce sont donc quelque 380 étrangers qui pourront être emprisonnés aux Mesnil-Amelot I, II et III. Dernièrement fixée à 32 jours, la durée maximum de la rétention vient à nouveau d'être augmentée par la «loi Besson» pour atteindre 45 jours. Le gouvernement sait pertinemment que les rétentions qui se prolongent au-delà de 10 jours se soldent en pratique par la libération de l'étranger. En allongeant ainsi la durée maximum de la rétention, il ne s'agit donc nullement d'augmenter le taux d'exécution des mesures d'éloignement – moins d'une mesure d'éloignement forcée sur cinq est exécutée – mais de punir, de briser méticuleusement des vies humaines. La rétention administrative, censée permettre l'accomplissement des formalités de l'éloignement, a progressivement muté : elle est devenue un mode de répression organisé et ordinaire.

La directive communautaire sur les étrangers en situation irrégulière – la « directive de la honte » – prévoit que la rétention des étrangers peut durer jusqu'à 18 mois et que, dans l'hypothèse où les centres de rétention sont pleins, les États sont libres d'utiliser les prisons. Aucune inquiétude : il est prévu que les enfants concernés aient accès à « des activités de loisirs » et, « selon la durée de leur séjour, à l'éducation ». Lorsque l'Union européenne avalise l'incarcération des enfants – même des enfants isolés –, elle leur fait envoyer un précepteur. On voit d'ici les petits fonctionnaires communautaires rédiger le texte minutieusement et les délégués des États le voter, sagement avachis dans leur fauteuil : la banalité du mal dans toute sa force. En droit français, si les mineurs seuls ne peuvent ni être enfermés en rétention, ni être éloignés, ils accompagnent de plus en plus souvent leur parent dans l'horreur des camps. Jusqu'en 2003, on dénombrait en moyenne une trentaine d'enfants « retenus » tous les ans en centres de rétention. En 2004, ils étaient 165, l'année suivante 262. Finalement en 2009, ils seront 318 enfants à avoir passé jusqu'à 32 jours emprisonnés, derrière des barbelés, des grillages, des matons, des caméras de surveillance. Est-il nécessaire de décrire plus avant les traitements « humiliants et dégradants » infligés par la police aux frontières à certains enfants qui se retrouvent seuls dans la zone d'attente de l'aéroport de Roissy[33] ?

Dans deux décisions récentes[34], les hauts magistrats de la Cour de cassation ont pu juger « au nom du peuple français » que le maintien en rétention avec leur famille de deux nourrissons – de deux mois et demi et un an – ne constituait pas en tant que tel un traitement inhumain ou dégradant. Comment tolérer plus longtemps cette politique menée en notre nom, faite de rafles dans les écoles, de duvets lacérés, de violences physiques, d'appel à la délation, d'humiliations, de nourrissons apeurés… ? Difficile de croire encore à l'anéantissement possible de telles pratiques par les voies légales qui les ont engendrées. Difficile ne pas pressentir que le sort aujourd'hui encore réservé à quelques-uns menace *in fine* toute nouvelle catégorie proclamée indésirable.

La « gestion des flux migratoires »

On l'aura compris, la chasse aux étrangers, la lutte contre l'immigration irrégulière n'est pas menée par la France seule. Elle se fond dans une politique globale de l'Union européenne, dite de « gestion des flux migratoires ». La vieille Europe tout entière s'est jetée dans cette lutte acharnée contre les immigrés, essentiellement contre les Africains, désignés comme menace pour l'équilibre économique et politique d'un *système* à l'agonie. « Il y a 475 millions de jeunes Africains qui ont moins de 17 ans. La France est à 14 kilomètres de l'Afrique par le détroit de Gibraltar », expliquait Nicolas Sarkozy aux téléspectateurs[35]. Ce « risque migratoire » savamment construit justifie depuis une quinzaine d'années un durcissement inédit des contrôles aux frontières extérieures de l'Europe. Alors que les « citoyens européens » et assimilés peuvent circuler librement à l'intérieur de « l'espace Schengen » – sous réserve d'être solvables[36] –, les immigrés sont, dans toute la mesure du possible et sauf besoins capitalistes ponctuels[37], maintenus à bonne distance par tout un arsenal juridique et policier. Les dispositifs légaux élaborés au niveau européen pour se prémunir et lutter contre « l'invasion » sont variés. On pourrait exposer ici les « avancées » de la directive de la honte qui oblige les États à expulser les étrangers en situation irrégulière, le système Dublin II qui répartit savamment entre États l'examen des demandes d'asile, abolissant de fait le droit du même du nom[38], ou encore le SIS (Système d'information Schengen), immense fichier informatique qui centralise les données, notamment biométriques, sur les étrangers refoulés et interdits de séjour en Europe et qui, avec ses cousins Eurodac et VIS[39], vise une « traçabilité » des étrangers équivalente à celle des marchandises. On se concentrera ici sur cet outil de « gestion » peut-être moins connu que sont les accords de réadmission et l'externalisation corrélative par l'Europe du contrôle des migrants.

L'externalisation des tâches

Expulser un étranger est une opération compliquée essentiellement parce qu'il faut trouver un État qui accepte d'accueillir celle ou celui dont vous souhaitez vous débarrasser. En principe, l'État dont l'étranger a la nationalité est tenu de le « réadmettre ». Mais en pratique, si la personne à expulser n'a pas de passeport, l'État expulseur doit obtenir un « laissez-passer consulaire », c'est-à-dire l'accord de l'État de destination de voir l'étranger entrer sur son territoire. Or, d'une part, certains États refusent de délivrer ces laissez-passer pour leurs nationaux, s'opposant ainsi aux traitements qui leur sont infligés et, d'autre part, il est parfois impossible d'établir la nationalité, voire l'identité, d'un « sans-papiers[40] ». L'incapacité à se procurer ce sésame consulaire est l'une des principales causes d'échec des mesures d'éloignement[41]. Pour tenter d'y remédier, les États européens ont entrepris de conclure des accords de réadmission ou accords de « gestion concertée des flux migratoires » avec de nombreux pays d'émigration. En vertu de ces accords, les États étrangers s'engagent à réadmettre, obligatoirement et selon une procédure simplifiée, leurs propres ressortissants interpellés en situation irrégulière – mais également tout migrant qui aura transité par leur sol avant d'arriver en Europe. Par exemple, le récent traité conclu entre l'Union européenne et le Pakistan permet non seulement de renvoyer au Pakistan les Pakistanais mais aussi, en pratique, les Afghans ayant fui la guerre en passant par le Pakistan. Ce faisant, l'Union contourne l'interdiction d'expulser des personnes vers un pays en guerre où ils risquent des traitements inhumains. Elle expose ainsi les Afghans à un renvoi forcé vers leur pays d'origine, comme à des arrestations et des détentions arbitraires car, naturellement, rien n'a été exigé du Pakistan – non partie aux principales conventions de protection des droits humains – quant aux traitements des étrangers « réadmis ». Depuis 2002, il est prévu que tout accord d'association, de partenariat ou de coopération signé par l'Union européenne contienne « une clause sur la gestion conjointe des flux migratoires et sur la réadmission obligatoire en cas d'immigration illégale ». Ainsi, l'emprisonnement des étrangers se développe sur le sol européen mais également à l'extérieur de la forteresse, dans les États frontaliers (Turquie, Ukraine, Maroc, Libye), voire au-delà (Mauritanie[42]). Concrètement, les États européens marchandent l'« aide au développement » ou des promesses d'adhésion à l'UE en échange d'une sous-traitance partielle du bouclage des frontières. La gestion concertée des flux migratoires repose ainsi sur le soutien à des régimes autoritaires avérés[43].

Des frontières assassines[44]

Sous la pression de l'UE, les États partenaires de la « politique de voisinage » ne se contentent pas de gérer les stocks d'indésirables qui leur sont expédiés, ils font également très bien la police aux frontières de l'Europe. Le cas de la Libye est particulièrement intéressant car ses rapports de force avec l'Union sont ambivalents. Depuis le durcissement des contrôles au détroit de Gibraltar, la Libye est devenue un des principaux points d'accès à la frontière Sud de l'Europe. Elle s'est donc imposée comme allié incontournable de la guerre européenne aux migrants[45]. En échange de plusieurs dizaines de millions d'euros[46], l'État libyen a persécuté, enfermé et déporté, pour le compte de l'Europe, les migrants[47] venus du Sud et de l'Est, en même temps qu'il «réadmettait» les irréguliers interceptés en Italie ou en route vers ce pays. En 2009, Migreurop[48] dénombrait 15 camps d'enfermement sur la côte libyenne, dont 3 entièrement financés par l'Italie. La modernisation de l'arsenal répressif et des systèmes de surveillance maritime, également financée par l'UE, vient accessoirement au «soutien d'une industrie européenne des technologies de la frontière en pleine expansion[49]». Décidément, *tout est dans l'ordre*.

Le Maroc et l'Algérie se sont distingués pour leur part en criminalisant l'émigration sans autorisation préalable – apparition donc de l'émigration illégale – et s'acharnent à combattre le départ vers l'Europe de leurs ressortissants comme de nombreux migrants subsahariens présents sur leur territoire[50]. Le 28 avril 2008, deux *pateras*[51] quittent Al Hoceima, au Maroc, avec à leur bord 183 personnes, marocaines et subsahariennes. Les deux bateaux sont interceptés de nuit par la marine royale marocaine, l'un d'eux tente une échappée, les soldats perforent le pneumatique de l'embarcation qui chavire : 33 morts, dont 4 enfants. En se fondant uniquement sur la base des morts recensés dans les médias, l'organisation *Fortress Europe* dénombre plus de 17 000 personnes ayant trouvé la mort aux frontières de l'Europe depuis 1988, dont 7 847 disparus en mer[52].

Actuellement, les morts en Méditerranée se multiplient, dommages collatéraux d'une guerre menée en Libye pour sauver la population civile. Victimes de persécutions de la part des forces de Kadhafi comme des «rebelles», des centaines de milliers de réfugiés et de travailleurs migrants sont contraints à un nouvel exode[53]. À la mi-juin 2011, selon le HCR (Haut-Commissariat des Nations unies pour les réfugiés), 2000 personnes étaient mortes noyées en prenant la fuite. Des témoignages concordants établissent que, courant avril, les militaires occidentaux ont délibérément refusé de porter secours à un bateau de 72 migrants – dont deux enfants – qui, moteur en panne, dérivait depuis deux semaines. Seuls 9 passagers ont survécu à la faim et la soif. Il est à l'heure actuelle impossible de déterminer les coupables de cette énième tragédie invisible. Difficile d'établir si l'hélicoptère qui a largué quelques bouteilles et quelques biscuits avant de disparaître définitivement appartenait à l'OTAN ou à FRONTEX.

L'agence FRONTEX est probablement la fine fleur du dispositif guerrier élaboré par l'Europe face au «risque migratoire». Article 1er du texte fondateur: «Une Agence européenne pour la gestion de la coopération opérationnelle aux frontières extérieures est créée afin d'améliorer la gestion intégrée des frontières extérieures des États membres[54].» La principale mission de «l'Agence» – dirigée depuis son origine par un général de brigade finlandais – consiste à coordonner «des équipes européennes de gardes-frontières», en particulier pour contrer «les pressions [migratoires] spécifiques et disproportionnées[55]». Pour être clair, «en février 2010, Frontex disposait de vingt-six hélicoptères, vingt-deux avions légers et cent treize navires, ainsi que de quatre cent soixante-seize appareils techniques utilisés pour lutter contre l'immigration "clandestine": radars mobiles, caméras thermiques, sondes mesurant le taux de gaz carbonique émis, détecteurs de battements de cœur, radar PMMW (*Passive Millimetric Wave Imager*), etc.[56] ». « L'Agence », au fonctionnement largement opaque, peut ainsi « sécuriser » une frontière en urgence grâce à ses *Rapid Border Intervention Teams* (RABIT) de plusieurs centaines d'hommes. En même temps, « l'Agence » est présente de manière quasi permanente dans certaines zones, collaborant avec les gardes-côtes étrangers aux contrôles, repérages, dépistages...

Certains ont pu espérer que les révolutions tunisiennes et égyptiennes susciteraient chez les dirigeants européens une amorce – ne serait-ce qu'un semblant – de réflexion sur cette politique migratoire absurde et meurtrière. On sait qu'à l'inverse, « l'invasion tunisienne » a permis de justifier un contrôle encore accru aux frontières[57], tandis que l'UE s'est empressée de négocier avec le CNT[58] libyen le maintien du dispositif de contrôle frontalier. Dans ses conclusions, le Conseil européen des 23 et 24 juin 2011 a décrété « prioritaire » « le développement du système européen de surveillance des frontières ». Les chefs de gouvernement sont en particulier convenus d'intensifier leurs efforts pour faire « progresser rapidement les travaux concernant les « frontières intelligentes », l'objectif étant que les nouvelles technologies soient mises à profit pour relever les défis liés au contrôle des frontières ». « L'espace de liberté, de sécurité et de justice » qui – faut-il le rappeler ? – sert de caution à l'ensemble de cet arsenal se trouve donc à présent cerclé de frontières technologiques intelligentes...

La liberté de circulation et d'installation

Devant un tel degré d'absurdité et d'horreur, des voix de plus en plus nombreuses se sont élevées en faveur de la libre circulation et de son corollaire la liberté d'installation. Jadis marginale, la proposition de « lever les barrières[59] » fait dorénavant l'objet d'études économiques et politiques. Laissons ici de côté les théories qui voit dans la libre circulation des travailleurs une variable d'ajustement de l'économie mondiale, voire un stimulateur de croissance[60], pour nous intéresser à la seule liberté de circulation qui ait un sens, la liberté fondamentale de chaque être humain de choisir où il va et où il désire vivre. Des études parfaitement convaincantes montrent que l'ouverture des frontières, si elle se faisait demain, ne provoquerait ni un afflux massif de personnes, ni la fin de notre système de protection sociale[61], ni plus largement le marasme de notre système économique. Autrement dit, l'ouverture des frontières serait compatible avec « nos acquis », avec l'« espace de liberté, de sécurité et de justice » qui nous est assigné. Le capitalisme a déjà montré une capacité d'adaptation réelle et, pour raisonner à l'échelle d'un pays comme la France, ce qui fonctionne – ou ne fonctionne pas – à 60 millions de personnes devrait pouvoir fonctionner – ou ne pas fonctionner – de manière équivalente à quelques millions de personnes près.

Cela étant, si le capitalisme est certainement apte à digérer les conséquences économiques de la libre circulation des hommes et des femmes sans distinction de nationalité et de richesse, cette proposition ne figurera jamais au programme d'un homme politique « crédible » – comprendre éligible –, comme elle ne sera jamais votée par aucun parlement « démocratique ».

D'abord, « le risque migratoire » est une pièce maîtresse de la mécanique capitaliste : le contrôle policier des flux migratoires participe au maintien des rapports nationalistes de domination entre le Nord et Sud, tandis que les « frontières intelligentes » garantissent depuis longtemps une bonne gestion des stocks de soldats et de main-d'œuvre. Au-devant de la scène, l'étranger bouc émissaire est indispensable pour drainer les angoisses et le désespoir qui assaillent les peuples occidentaux. Par ces différents aspects pratiques, la lutte contre l'immigration et contre les immigrés est partie intégrante de la société capitaliste.

Mais ce qui est sans doute plus profondément en jeu à travers le refus de la « gestion des flux migratoires », c'est un rapport différent à l'Autre et à soi-même – incompatible avec la société capitaliste actuelle. Exiger la liberté de circulation des êtres humains sur la planète, c'est refuser de tolérer les mauvais traitements directement infligés aux migrants par nos représentants élus, c'est refuser les camps de réfugiés permanents disséminés à travers le monde où s'entassent des millions d'hommes, de femmes et d'enfants[62]. Ceux qui disent non à ces infamies sont pour la plupart incapables de savoir précisément, « scientifiquement », ce que recouvrirait la libre circulation de personnes. Seulement, ils pensent que l'actuel n'est plus tolérable et ils sentent que les hommes ne peuvent déporter, torturer, humilier leurs semblables sans se déporter eux-mêmes. Préserver son « niveau de vie » est légitime, mais encore faudrait-il avoir une vie à soi. Or, « le monde de la marchandise autoritaire[63] » nous a largement rendus étrangers à nous-mêmes, il a su apprivoiser en nous l'indifférence envers le migrant qui périt en mer comme envers la personne qui vit sur le trottoir, il nous a insidieusement contraints à endosser la mort et la misère humaine secrétés par lui, pour nous.

Bien sûr, en l'occurrence, l'on est en droit d'exiger l'abrogation du code de l'entrée et du séjour des étrangers et du droit d'asile en vigueur, c'est-à-dire essentiellement exiger la fin des visas et des titres de séjour pour pouvoir venir et vivre en France. Mais au-delà, refuser les traitements injustes et inhumains réservés aux migrants, c'est affirmer l'égalité de tous les êtres humains. Et, en cela, la liberté de circulation n'appartient pas aux champs du possible capitalistes, elle est par essence révolutionnaire.

1. Dans une interview radiophonique du 17 mars 2011, le ministre de l'Intérieur, Claude Guéant, affirme: «Les Français, à force d'immigration incontrôlée, ont parfois le sentiment de ne plus être chez eux.» Le 25 mai 2011, sur les mêmes ondes privées, le même ministre ajoute «les deux tiers des échecs scolaires, c'est l'échec d'enfants d'immigrés»; puis: «L'accroissement du nombre des fidèles de cette religion [musulmane] et un certain nombre de comportements posent problème.»
2. L'article 8 de la Convention européenne de sauvegarde des droits de l'homme et des libertés fondamentales signée en 1949 garantit le droit à mener une vie privée et familiale normale à toute personne qui se trouve sous la juridiction – c'est-à-dire sous l'emprise – d'un État partie.
3. Voir D. Lochak, *Étrangers: de quel droit?*, PUF, Paris, 1985, p. 217 sqq. pour des exemples toujours d'actualité.
4. Sur la politique du guichet, voir A. Spire, *Accueillir ou reconduire, Enquête sur les guichets de l'immigration*, Raison d'agir, Paris, 2008.
5. Voir le reportage de Rue 89. http://www.rue89.com/2010/02/12/a-coquelles-la-salle-daudience-cotoie-le-centre-de-retention-137993. Les salles d'audience à proximité des CRA se multiplient, une nouvelle est en voie d'achèvement au centre du Mesnil-Amelot.
6. Y. Blanc, «Des chiffres, sous la contrainte du droit», in *Défendre la cause des étrangers en justice, sous l'égide du GISTI*, coll. Dalloz, Paris, 2009, p. 254.
7. *Idem.*
8. Il faudrait évoquer ici également la massification du contentieux. L'augmentation du nombre de décisions administratives s'est accompagnée d'une augmentation du nombre de recours. Actuellement, 30 % des requêtes présentées aux juridictions administratives ont trait à la condition des étrangers (jusqu'au début des années 1980. cela représentait moins de 10 % du contentieux). Bernard Even, magistrat, évoque la pression quantitative croissance subie par les magistrats dont le nombre n'a pas augmenté de façon corrélative et la «déstabilisation de l'ensemble de la justice administrative». Il observe que les jeunes magistrats, qui n'ont pas connu les différentes étapes de l'évolution depuis les années 1990, appréhendent souvent ce contentieux comme un «mal nécessaire», mais aussi comme «une variable d'ajustement positive qui leur permet de mieux répondre aux objectifs statistiques globaux auxquels ils sont soumis», *in* «Les mutations du contentieux administratif des étrangers», *Défendre la cause des étrangers en justice*, *op. cit.*, p. 324-325.
9. Condamné par le TGI de Paris, le 4 juin 2010, pour injure raciale.
10. L'épisode de la circulaire Hortefeux d'août 2010 demandant aux préfets d'organiser une évacuation «prioritaire» des campements illicites de «Roms» est symptomatique de cette culture du chiffre xénophobe, comme d'ailleurs du sentiment d'impunité qui habite la «haute administration» française. En l'espèce, le Conseil d'État, qui a annulé le texte, estime que le préambule et l'article premier de la Constitution ont été violés: la France «assure l'égalité devant la loi de tous les citoyens sans distinction d'origine».
11. Rapport au Parlement du Secrétariat général du comité interministériel de contrôle de l'immigration, «Les orientations de la politique de l'immigration et de l'intégration», La Documentation française, mars 2011, p. 30 et 31.
12. Bien entendu, ce dévoiement de la machine d'État n'est pas circonscrit à la politique dite de «gestion des flux migratoires» mais les enjeux humains sont ici souvent particulièrement lourds et les voies de droit pratiquement peu accessibles aux intéressés.
13. Voir le communiqué de presse inter-associatif du 24 janvier 2010 «Le droit d'asile à nouveau bafoué».

14. L'épisode a agacé le ministre, lequel a pu créer, dans la dernière loi en date, de véritables zones d'attente «sac à dos» ou zones d'attente mobiles, permettant de diminuer sensiblement les droits des migrants qui arrivent en France ailleurs que dans un port ou un aéroport international.
15. C'est le seul cas, avec l'enfermement psychiatrique, où l'administration peut porter atteinte à la liberté d'aller et venir d'une personne.
16. Cf. *Les Centres et locaux de rétention administrative. Rapport 2009,* La Cimade, p. 21. En 2009, 34 % des mesures d'éloignement n'ont pu être exécutées suite à l'annulation de la procédure par le juge judiciaire ou administratif, *in* «Les orientations de la politique de l'immigration et de l'intégration», rapport du comité interministériel de contrôle de l'immigration, doc. cit., p. 77.
17. Et cela en dépit de ce que «un effort a été porté par les services interpellateur, en liaison étroite avec les bureaux des étrangers et des préfectures sur la qualité des procédures (interpellation, notification et exercice des droits en garde à vue ou en rétention administrative», rapport du comité interministériel de contrôle de l'immigration, doc. cit., p. 77.
18. *Idem.*
19. La CIMADE (Comité inter mouvements auprès des évacués) se définit comme une association de solidarité active avec les migrants, les réfugiés et les demandeurs d'asile.
20. *Les Centres et locaux de rétention administrative.* Doc. cit., p. 21.
21. In *Étrangers: de quel droit?, op. cit.*, p. 205 sqq., spéc. p. 208.
22. Outre les prestations familiales, le RMI, l'allocation de solidarité aux personnes âgées, l'allocation temporaire d'attente et l'allocation de solidarité spécifique ainsi que l'allocation équivalent retraite ne sont pas prises en compte.
23. Rapport du comité interministériel de contrôle de l'immigration, doc. cit., p. 26. En 2005, 15000 visas étaient délivrés aux conjoints bénéficiant du regroupement familial, ils n'étaient plus que 8000 en 2009.
24. Voir GISTI, «Réhabiliter le droit d'asile par la liberté de circulation», in *Proteste* n° 101, septembre 2005.
25. «Calais: cette frontière tue», *Rapport d'observation des violences policières à Calais depuis juin 2009.* Juin 2011. Disponible notamment sur le site du Syndicat de la Magistrature. http://www.syndicat-magistrature.org/IMG/pdf/Rapport_des_observateurs.pdf
26. « Calais: cette frontière tue», doc. cit., page 5. Le rapport – transmis au nouveau défenseur des droits – comprend en annexe des pièces établissant la preuve des faits rapportés.
27. *Idem*, p. 9.
28. La reconduite à la frontière peut être impossible, soit parce que l'étranger n'est pas «identifié», ni identifiable (car sans papier d'identité et ayant brûlé ses empreintes digitales), soit parce que l'étranger a un droit de séjour provisoire le temps de l'examen de sa demande d'asile; soit parce qu'il est inéloignable en raison de la guerre ou plus généralement des traitements inhumains qu'il risque dans son pays de nationalité. Ainsi, en principe, la France ne renvoie plus d'Afghans «chez eux». Pourtant, en pratique, il est avéré que ponctuellement, des Afghans sont reconduits en Afghanistan par avion contre leur gré.
29. Voir en ce sens l'éditorial du rapport 2009 de la Cimade sur les centres et locaux de rétention, doc. cit., p. 4.
30. *Idem.*
31. Ce chiffre qui figure dans le Rapport annuel de 2009 établi par la Cimade tient compte du centre de rétention de Mayotte, dont l'insalubrité a déjà fait scandale. En seule France métropolitaine, la Cimade dénombre environ 35000 étrangers retenus pour l'année 2009. Doc. cit., p. 17.
32. En mars 2009, le centre de rétention italien de l'île de Lampedusa hébergeait 1800 immigrés pour une capacité totale de 800 places. Voir notamment «La rétention des

demandeurs d'asile et des migrants en situation irrégulière en Europe», rapport de l'Assemblée parlementaire du Conseil de l'Europe, 11 janvier 2010, Document n° 12105, p. 10 sqq.

33. Voir le Rapport «Perdus en zone d'attente. Protection insuffisante des mineurs étrangers isolés à l'aéroport de Roissy Charles de Gaulle», Human Right Watch, octobre 2009.

34. Cass. 1 Civ, 10 déc. 2009, BC. I, 249, n°08-14141 et BC.I, 250, n° 08-21101.

35. Cité in *Rapport d'audit de la politique d'immigration de Nicolas Sarkozy,* http://cettefrancela.net

36. La liberté de circulation et d'installation à l'intérieur de l'Union européenne est subordonnée dans les textes au fait que le citoyen européen ne constitue pas une charge économique pour le «pays d'accueil».

37. Par exemple, l'Espagne organisait couramment la venue massive de Marocains pour procéder les mois d'été à la cueillette des fruits. Lors du tri sélectif des saisonniers, les autorités privilégiaient ouvertement le choix de mères de jeunes enfants, garantissant ainsi le retour au Maroc des travailleurs une fois la tâche accomplie.

38. Au début des années 1990, les demandes d'asile présentées aux pays européens étaient acceptées à 85 %, depuis le milieu des années 2000, elles sont rejetées à 85 %. Voir sur ce point M. Agier, in *Rapport d'audit de la politique d'immigration de Nicolas Sarkozy,* précité, doc. cit.

39. Respectivement dédiés aux demandeurs de visa et d'asile.

40. Sur le rôle des consulats voir notamment A. Spire, «le poids des consulats»: «Dans les couloirs des centres de rétention, il se dit par exemple qu'il vaut mieux se prétendre soudanais ou camerounais pour les uns, irakien ou égyptien pour les autres car les consulats de ces pays ont la réputation de ne pas délivrer de laissez-passer. La probabilité de ne pas être reconnu dépend aussi de l'histoire de chaque pays et de la genèse des découpages territoriaux. Le rayonnement de l'ancien empire ottoman permet par exemple à certains de se déclarer de nationalité irakienne ou iranienne; s'ils ne sont pas reconnus par le consulat de Turquie, ils ont alors toutes les chances d'échapper à la reconduite à la frontière». Cf. *Plein Droit* n° 62, «Expulser», octobre 2004. Disponible en ligne sur le site du Gisti.

41. En France, un tiers des mesures d'éloignement échouent faute de laisser-passer consulaire obtenu durant la rétention administrative de l'étranger; «Les orientations de la politique de l'immigration et de l'intégration», La Documentation française, Rapport précité, p. 78.

42. Voir les cartes et les explications éclairantes de l'indispensable *Atlas des migrants en Europe, géographie critique des politiques migratoires,* Migreurop, Armand Colin, 2009.

43. Sur cet aspect particulier des choses, voir notamment E. Blanchard, «Le coût des frontières», in *Liberté de circulation: un droit, quelles politiques?*, GISTI, 2011, p. 24, 29.

44. Le titre est emprunté à celui du rapport de Migreurop *Les Frontières assassines de l'Europe*, Paris, octobre 2009.

45. Pour un exposé des différentes facettes des relations UE/Libye, voir Cl. Rodier, «UE-Libye: une alliance contre nature pour l'externalisation des frontières au sud de l'Europe», in A. Bensaâd, *Le Maghreb à l'épreuve des migrations subsahariennes*, Karthala, 2009. On comprend l'empressement de l'Italie à conclure le 17 juin 2011 avec le CNT «un accord d'assistance réciproque et de coopération dans la lutte contre l'immigration illégale, y compris le refoulement des immigrés en situation irrégulière».

46. L'UE avait proposé 60 millions d'euros lors des négociations du «Programme indicatif national», 2011-2013, conclu entre l'UE et la Libye qui fait de la lutte contre l'immigration clandestine une de ses trois priorités. Voir le rapport «Fuite en Egypte des exilés de Libye. Double drame pour les Africains subsahariens», FIDH, n°5651, juin 2011.

47. Voir le rapport accablant de HRW, « Stemming the flow : Abuses Against Migrants, Asylum Seekers ans Refugees », Human Rights Watch, Vol. 18, n° 5(E), september 2006 ; voir également le rapport d'Amnesty international, « Immigration cooperation with Libya : the human rights perspective », Amnesty International, bureau européen, 12 avril 2005, http://www.amnesty-eu.org/static/documents/2005/JHA_Libya_april12.pdf

48. Migreurop est un réseau de 33 associations, provenant de 10 pays différents. Il a été créé fin 2001, autour du constat que le centre de réfugiés de Sangatte, tenu par la Croix-Rouge, n'était que le « symbole d'une politique d'asile et d'immigration défaillante puisqu'elle aboutissait à rassembler des populations sans statut juridique dans des lieux hors droit. »

49. E. Blanchard, « Le coût des frontières », précité, p. 29.

50. Sur cette illustration spécifique du phénomène, voir notamment, « Oujda : zone tampon entre Maroc et Algérie, sas vers l'Europe », in *Les frontières assassines de l'Europe*, Migreurop, précité, p. 40 et s.

51. Petite embarcation à fond plat.

52. http://fortresseurope.blogspot.com/ ; Sur les difficultés à comptabiliser les victimes, voir notamment E. Blanchard, O. Clochard, Cl. Rodier, « Compter les morts », in Plein droit, n° 77, Les chiffres choisis de l'immigration, juin 2008, http://www.gisti.org/spip.php?article1255

53. Depuis le début de la guerre, plus d'1,1 million de personnes auraient fuit selon l'Organisation internationale des migrations, il s'agit de personnes originaires d'Egypte, de Tunisie, de quelques pays asiatiques (Bangladesh, Pakistan, Chine) mais essentiellement de pays d'Afrique sub-saharienne. Voir le rapport précité de la FIDH « Fuite en Egypte des exilés de Libye. Double drame pour les Africains subsahariens », p. 4

54. Règlement (CE) n°2007/2004 du Conseil du 26 octobre 2004.

55. Jusqu'alors, Frontex ne disposait pas d'homme et de matériel propre et coordonnait les forces qui formellement restaient nationales.

56. Cl. Rodier, « Frontex, la petite muette », in *Nouveaux fascismes ? Enquête sur les droites en Europe,* Vacarme 55, printemps 2011, http://www.vacarme.org/article2015.html

57. Voir *L'Europe vacille sous le fantasme de l'invasion tunisienne. Vers une remise en cause du principe de libre circulation dans l'espace « Schengen » ?* Rapport de la mission d'observation à la frontière franco-italienne d'avril 2011, Anafé/GISTI, juillet 2011.

58. Conseil National de Transition.

59. Voir l'introduction de *Liberté de circulation. Un droit, quelles politiques ?,* GISTI, Paris, 2010 et la communication d'A.Pecoud : « Le scénario "migrations sans frontières" », p. 56 ; A. Pécoud, Paul de Guchteneire (dir.), Migrations sans frontières. Essai sur la libre circulation des personnes, Éditions Unesco, 2009.

60. PNUD, « Lever les barrières : mobilité et développement humains », Rapport mondial sur le développement humains, 2009.

61. Voir notamment A. Math, « Droit de circuler et protection sociale », in *Liberté de circulation. Un droit, quelles politiques ?* précité, p. 90, qui décrit les conditions d'une égalité réelle des droits sociaux de toutes les personnes résidentes sur le territoire.

62. Sur les camps de réfugiés à travers le monde et leur mode de gouvernement humanitaro-sécuritaire, voir notamment, M. Agier, *Gérer les indésirables. Des camps de réfugiés au gouvernement humanitaire*, Flammarion, 2008.

63. Tiqqun, *La théorie du Bloom,* éditions La fabrique, 2000.

Les auteurs

Matthieu Bonduelle est juge d'instruction à Bobigny depuis 2007 et président du Syndicat de la magistrature. Il a notamment participé à l'ouvrage *Les mauvais jours finiront, 40 ans de combats pour la justice et les libertés* (2010).

William Bourdon est avocat au barreau de Paris, Président fondateur de l'Association SHERPA, ancien secrétaire Général de la Fédération Internationale des Droits de l'Homme et membre du Comité de soutien de Paris de *Human Rights Watch*.

Félix Boggio Éwanjé-Épée est étudiant en philosophie et participe aux comités éditoriaux de *La Revue des livres* et de *ContreTemps*.

Antoine Comte est avocat à Paris, spécialiste du droit de la presse, du droit pénal et du droit de la spoliation. Il est également ancien président de la Commission délinquance et prison de la Ligue des Droits de l'Homme, fondateur de l'association Mémoire, Vérité, Justice et auteur de *La défaite*.

Paul Machto est psychiatre des hôpitaux et psychanalyste. Il exerce en Seine-Saint-Denis, à

Montfermeil et Clichy-sous-bois. Ancien président de l'Union syndicale de la psychiatrie entre 1989 et 1992, il a contribué à fonder l'association Pratiques de la Folie et auparavant le Syndicat de la psychiatrie. Il a participé à la création du Collectif des 39 contre la nuit sécuritaire.

Stella Magliani-Belkacem travaille aux éditions La fabrique.

Gilles Manceron est historien, responsable du groupe de travail « Mémoire, histoire, archives » de la Ligue des droits de l'homme, auteur notamment de *Marianne et les colonies. Une introduction à l'histoire coloniale de la France* (2003) et *1885, le tournant colonial de la République* (2007).

Karine Parrot est professeure de droit à l'université de Cergy-Pontoise.

Géraud de la Pradelle est professeur émérite à l'université Paris Ouest-Nanterre-La Défense. Ancien membre du Centre d'information sur les prisonniers palestiniens et libanais de 1982 à 1988 ainsi que de la Commission d'enquête citoyenne sur le rôle de la France dans le génocide des Tutsi. Il a notamment publié *L'homme juridique* (1979), *Imprescriptible : l'implication française dans le génocide des Tutsi portée devant les tribunaux* (2005) et *Manuel de droit international privé* (avec M.L. Niboyet, 2011).

Gilles Sainati, magistrat, est membre du Syndicat de la magistrature, dont il fut le secrétaire général entre 1998 et 2000, et membre du bureau en 2001, 2002 et 2004. Il est également coauteur de divers ouvrages sur la justice parmi lesquels *La machine* *à punir* (2004), *La décadence sécuritaire* (2007) et *Les mauvais jours finiront, 40 ans de combats pour la justice et les libertés* (2010).

Carlo Santulli, agrégé des Facultés de droit, est professeur à l'université Paris II (Panthéon-Assas) et avocat à la Cour. Il dirige la *Revue générale de droit international public*.

Évelyne Sire-Marin, magistrat, est vice-présidente du Tribunal de grande instance de Paris et vice-présidente de la Ligue des Droits de l'Homme. Elle a été présidente du Syndicat de la magistrature et coprésidente de la Fondation Copernic. Dernier ouvrage paru: *Ficher, filmer, enfermer* (coord. 2010).

Chez le même éditeur

Giorgio Agamben, Alain Badiou, Daniel Bensaïd, Wendy Brown, Jean-Luc Nancy, Jacques Rancière, Kristin Ross, Slavoj Žižek, *Démocratie, dans quel état ?*

Tariq Ali, *Bush à Babylone. La recolonisation de l'Irak.*

Tariq Ali, *Obama s'en va-t-en guerre.*

Sophie Aouillé, Pierre Bruno, Franck Chaumon, Guy Lérès, Michel Plon, Erik Porge, *Manifeste pour la psychanalyse.*

Bernard Aspe, *L'instant d'après. Projectiles pour une politique à l'état naissant.*

Alain Badiou, *Petit panthéon portatif.*

Alain Badiou & Eric Hazan, *L'antisémitisme partout. Aujourd'hui en France.*

Jean-Christophe Bailly, Jean-Marie Gleize, Christophe Hanna, Hugues Jallon, Manuel Joseph, Jacques-Henri Michot, Yves Pagès, Véronique Pittolo, Nathalie Quintane, *« Toi aussi, tu as des armes » Poésie & politique.*

Moustapha Barghouti, *Rester sur la montagne. Entretiens sur la Palestine avec Eric Hazan.*

Omar Barghouti, *Boycott, désinvestissement, sanctions. BDS contre l'apartheid et l'occupation de la Palestine.*

Zygmunt Bauman, *Modernité et holocauste.*

Jean Baumgarten, *Un léger incident ferroviaire. Récit autobiographique.*

Walter Benjamin, *Essais sur Brecht.*

Daniel Bensaïd, *Les dépossédés. Karl Marx, les voleurs de bois et le droit des pauvres.*

Daniel Bensaïd, *Tout est encore possible. Entretiens avec Fred Hilgemann.*

Ian H. Birchall, *Sartre et l'extrême gauche française. Cinquante ans de relations tumultueuses.*

Auguste Blanqui, *Maintenant, il faut des armes. Textes présentés par Dominique Le Nuz.*

Marie-Hélène Bourcier, *Sexpolitique. Queer Zones 2.*

Bruno Bosteels, *Alain Badiou, une trajectoire polémique.*

Alain Brossat, *Pour en finir avec la prison.*

Pilar Calveiro, *Pouvoir et disparition. Les camps de concentration en Argentine.*

Grégoire Chamayou, *Les Chasses à l'homme.*

Ismahane Chouder, Malika Latrèche, Pierre Tevanian, *Les filles voilées parlent.*

Cimade, *Votre voisin n'a pas de papiers. Paroles d'étrangers.*

Comité invisible, *L'insurrection qui vient.*

Christine Delphy, *Classer, dominer. Qui sont les « autres » ?*

Alain Deneault, *Offshore. Paradis fiscaux et souveraineté criminelle.*

Raymond Depardon, *Images politiques.*

Yann Diener, *On agite un enfant. L'État, les psychothérapeutes et les psychotropes.*

Jean-Pierre Faye, Michèle Cohen-Halimi, *L'histoire cachée du nihilisme. Jacobi, Dostoïevski, Heidegger, Nietzsche.*

Norman G. Finkelstein, *L'industrie de l'holocauste. Réflexions sur l'exploitation de la souffrance des Juifs.*

Charles Fourier, *Vers une enfance majeure. Textes présentés par René Schérer.*

Françoise Fromonot, *La campagne des Halles. Les nouveaux malheurs de Paris.*

Isabelle Garo, *L'idéologie ou la pensée embarquée.*

Antonio Gramsci, *Guerre de mouvement et guerre de position. Textes choisis et présentés par Razmig Keucheyan.*

Nacira Guénif-Souilamas (dir.), *La république mise à nu par son immigration.*

Amira Hass, *Boire la mer à Gaza, chroniques 1993-1996.*

Eric Hazan, *Chronique de la guerre civile.*

Eric Hazan, *Notes sur l'occupation. Naplouse, Kalkilyia, Hébron.*

Eric Hazan, *Paris sous tension.*

Henri Heine, *Lutèce. Lettres sur la vie politique, artistique et sociale de la France.*

Victor Hugo, *Histoire d'un crime. Déposition d'un témoin.*

Sadri Khiari, *La contre-révolution coloniale en France. De de Gaulle à Sarkozy.*

Yitzhak Laor, *Le nouveau philosémitisme européen et le « camp de la paix » en Israël.*

Mathieu Léonard, *L'émancipation des travailleurs. Une histoire de la Première Internationale*

Gideon Levy, *Gaza. Articles pour* Haaretz *(2006-2009).*

Laurent Lévy, *"La gauche", les Noirs et les Arabes.*

Frédéric Lordon, *Capitalisme, désir et servitude. Marx et Spinoza.*

Pierre Macherey, *De Canguilhem à Foucault, la force des normes.*

Pierre Macherey, *La parole universitaire.*

Gilles Magniont, Yann Fastier, *Avec la langue. Chroniques du « Matricule des anges ».*

Karl Marx, *Sur la question juive. Présenté par Daniel Bensaïd.*

Karl Marx, Friedrich Engels, *Inventer l'inconnu. Textes et correspondance autour de la Commune. Précédé de « Politique de Marx » par Daniel Bensaïd.*

Joseph A. Massad, *La persistance de la question palestinienne.*

Albert Mathiez, *La Réaction thermidorienne. Introduction de Yannick Bosc et Florence Gauthier.*

Louis Ménard, *Prologue d'une révolution (février-juin 1848). Présenté par Maurizio Gribaudi.*

Elfriede Müller & Alexander Ruoff, *Le polar français. Crime et histoire.*

Ilan Pappé, *La guerre de 1948 en Palestine. Aux origines du conflit israélo-arabe.*

Ilan Pappé, *Les démons de la Nakbah.*

François Pardigon, *Épisodes des journées de juin 1848.*

Jacques Rancière, *Le partage du sensible. Esthétique et politique.*

Jacques Rancière, *Le destin des images.*

Jacques Rancière, *La haine de la démocratie.*

Jacques Rancière, *Le spectateur émancipé.*

Jacques Rancière, *Moments politiques. Interventions, 1977-2009.*

Jacques Rancière, *Les écarts du cinéma.*

Jacques Rancière, *La leçon d'Althusser.*

Textes rassemblés par J. Rancière & A. Faure, *La parole ouvrière 1830-1851.*

Amnon Raz-Krakotzkin, *Exil et souveraineté. Judaïsme, sionisme et pensée binationale.*

Tanya Reinhart, *Détruire la Palestine, ou comment terminer la guerre de 1948.*

Tanya Reinhart, *L'héritage de Sharon. Détruire la Palestine, suite.*

Robespierre, *Pour le bonheur et pour la liberté. Discours choisis.*

Julie Roux, *Inévitablement (après l'école).*

Christian Ruby, *L'Interruption Jacques Rancière et la politique.*

Gilles Sainati & Ulrich Schalchli, *La décadence sécuritaire.*

André Schiffrin, *L'édition sans éditeurs.*

André Schiffrin, *Le contrôle de la parole. L'édition sans éditeurs, suite.*

André Schiffrin, *L'argent et les mots.*

Ella Shohat, *Le sionisme du point de vue de ses victimes juives. Les juifs orientaux en Israël.*

Syndicat de la Magistrature, *Les Mauvais jours finiront. 40 de combats pour la justice et les libertés.*

Marcello Tarì, *Autonomie ! Italie, les années 1970.*

N'gugi wa Thiong'o, *Décoloniser l'esprit.*

E.P. Thompson, *Temps, discipline du travail et capitalisme industriel.*

Tiqqun, *Théorie du Bloom.*

Tiqqun, *Contributions à la guerre en cours.*

Tiqqun, *Tout a failli, vive le communisme!*

Alberto Toscano, *Le fanatisme. Modes d'emploi.*

Enzo Traverso, *La violence nazie, une généalogie européenne.*

Enzo Traverso, *Le passé : modes d'emploi. Histoire, mémoire, politique.*

François-Xavier Vershave & Philippe Hauser, *Au mépris des peuples. Le néocolonialisme franco-africain.*

Louis-René Villermé, *La mortalité dans les divers quartiers de Paris.*

Sophie Wahnich, *La liberté ou la mort. Essai sur la Terreur et le terrorisme.*

Michel Warschawski (dir.), *La révolution sioniste est morte. Voix israéliennes contre l'occupation, 1967-2007.*

Michel Warschawski, *Programmer le désastre. La politique israélienne à l'œuvre.*

Eyal Weizman, *À travers les murs. L'architecture de la nouvelle guerre urbaine.*

Slavoj Žižek, *Mao. De la pratique et de la contradiction.*

Collectif, *Le livre : que faire ?*

Cet ouvrage a été achevé d'imprimer
sur Roto-Page par l'Imprimerie Floch à Mayenne
en février 2012.
Numéro d'impression : 81599.
Dépôt légal : 1er trimestre 2012.
Imprimé en France.